دفاتر
الدكتور ميشيل سيم
جوود

إيزابيل دولالو

أنا أعزِّز مناعتي (قبيل فصل الشتاء)!

ترجمة
نهلة طاهر

دار جامعة حمد بن خليفة للنشر
HAMAD BIN KHALIFA UNIVERSITY PRESS

المحتويات

التشخيص الذاتي: كيف حال مناعتك؟ 4

الجزء الأول: ماذا يعني جهاز المناعة؟ 7

الفصل الأول: **كيف يعمل جهاز المناعة؟** 8

الفصل الثاني: **الهجوم على العدو!** 16

الفصل الثالث: **الركائز الأساسية للمناعة القوية** 23

الوصفة الصحية 30

الجزء الثاني: تدريبات الدكتور جوود! 31

الفصل الأول: **الأسبوع الأول: أولى خطوات «تعزيز المناعة»** 32

الفصل الثاني: **الأسبوع الثاني: انطلاقة جيدة، ولنواصل المسيرة!** 46

الوصفة الصحية 60

إلى اللقاء بعد ستة أشهر 61

لمزيد من المعلومات 62

2

كلمة ميشيل سيم

يا دكتور، «لم أعد أحتمل، أنا دائمًا مريض»، «إنني لا أقاوم أي مرض»، «إن أبنائي ينقلون إليَّ الميكروبات بصفة دورية»، «أشعر بأنني أصبحت هشًّا، وهذا شيء يقلقني»، «جميع المحيطين بي مرضى». هذه أغلب الشكاوى التي تصل إليَّ دائمًا من المرضى ومن الجمهور، لكنها تزايدت بعد ظهور الأمراض الجديدة التي لها أخطارها على الصحة. ما الخبر السار؟ إذا كنا نعيش دائمًا محاطين بميكروبات عديدة ومتنوعة (نحن نتبادل نحو 80 مليون ميكروب فقط من خلال قُبلة بسيطة!) فيمكننا مكافحة هذه الأضرار بفعالية جيدة على مدى الشهور.

ولكن كيف؟ من خلال الاعتناء بالنظافة. إنها إجراءات بسيطة، لكن يجب أن تكون صارمة، وأن نكون جميعًا على دراية بها وبفعاليتها التي تقوي الدفاعات المناعية لدينا. إن تناول الطعام الصحي، والنوم الجيد، والنشاط، والتعرض لأشعة الشمس، كلها عناصر تساهم في الحفاظ على المناعة الطبيعية التي تجعلنا أكثر حيوية وأقل ضعفًا.

لا تريد أن تُصاب بالزكام والأمراض الأخرى الأسوأ منه خلال الشتاء؟ سأدرِّبك على أفضل نظام مناعي، وسنرى معًا كيف أن الأمر سهل!

ميشيل سيم

التشخيص الذاتي

كيف حال مناعتك؟

هل صحتك جيدة، أم تعاني بعضَ الوهن، أم أنك في مرحلة انتقالية من العمر وتتعرض لمزيد من المخاطر الصحية بصفة يومية؟ عليك بإجراء هذا التقييم للتعرف على كيفية تحسين مناعتك الطبيعية، والوقاية من الفيروسات والبكتيريا، والحفاظ على لياقتك البدنية طوال فصل الشتاء.

أخبرنا عن نفسك (اطمئن، فبياناتك سرية!)

1. هل تجاوزت الـ 65 عامًا؟	☐ نعم	☐ لا
2. هل أصبت بالإنفلونزا في الشتاء الماضي؟	☐ نعم	☐ لا
3. هل أصبت مرتين بنزلة برد خلال العام الماضي؟	☐ نعم	☐ لا
4. هل أصبت بأي التهابات في الجهاز التنفسي خلال العام الماضي (احتقان الحلق، أو نزلة شعبية حادة، أو كوفيد 19...)؟	☐ نعم	☐ لا
5. هل أصبت بالتهاب في المعدة أو الأمعاء خلال العام الماضي؟	☐ نعم	☐ لا
6. هل خضعت مؤخرًا للعلاج بالمضادات الحيوية؟	☐ نعم	☐ لا
7. هل تعاني اضطرابات مزمنة في الجهاز الهضمي؟	☐ نعم	☐ لا
8. هل تشعر خلال فصل الشتاء بالإرهاق بصفة عامة والضعف؟	☐ نعم	☐ لا
9. هل تأخذ قسطًا كافيًا من النوم الجيد؟	☐ نعم	☐ لا
10. هل تمارس الرياضة بصفة منتظمة؟	☐ نعم	☐ لا
11. هل تكون خارج المنزل غالبًا (في العمل على سبيل المثال)؟	☐ نعم	☐ لا
12. هل تعرضت للشمس (من دون أن تسمر بشرتك على الشاطئ) خلال الأشهر الأربعة الماضية؟	☐ نعم	☐ لا

احسب نقاطك!

الأسئلة: 1، 2، 3، 4، 5، 6، 7، 8	**نعم** = نقطة واحدة	
الأسئلة: 9، 10، 11، 12	**لا** = نقطة واحدة	

مجموع نقاطك أقل من ثلاث نقاط: مناعة خمس نجوم!

أنت في حالة جيدة، وغالبًا ما تمضي فصل الشتاء العصيب بسلام، ومن دون التعرض لأمراضه المعتادة، وهذا شيء رائع! الآن يجب عليك أن تحافظ على ذلك لمواجهة شتاء أكثر قسوة أو إرهاق متزايد، وهذا يُحتمل حدوثه، أو لمواجهة الشعور بالأرق والضغط العصبي. يجب عليك أيضًا عدم التهاون في: ممارسة التمارين الرياضية، والحصول على قسط من الراحة والإجازات، والتعرض لأشعة الشمس. إنه لأمر طبيعي أن نمر جميعًا بهذه اللحظات من الضعف التي تنخفض خلالها المناعة، وعندئذ تلتقط أول نزلة برد تصادفك، لتجد نفسك أسيرًا لسريرك، أو مصابًا لأول مرَّة في حياتك بالإنفلونزا!

أنت إذن تندرج تحت **النمط الأول**، وسيساعدك هذا الكتاب على العناية المستمرة بمناعتك وعدم التهاون بشأنها، من أجل مواجهة فصول الشتاء المقبلة في حياتك والمرور منها بسلام.

مجموع نقاطك ثلاث نقاط أو أكثر: أكثر عُرضة للفيروسات!

جسمك ضعيف بعض الشيء، أو أنك متقدم في العمر، أو ربما لا تتبع وسائل وقاية منضبطة، لذلك تصاب أحيانًا «بأي شيء عابر»، فضلًا عن أنك تتعرض لنزلات البرد المتتالية خلال فصل الشتاء. من الأمور الكثيرة التي سنساعدك على رصدها بغية الاهتمام بها بصورة صحيحة: قلة التعرض للضوء، وقلة الحركة، ونقص الفيتامينات، وقلة ساعات النوم، والتوتر. هذا الكتاب الذي يحتوي على برنامج تأهيلي، سيقدم لك كثيرًا من النصائح التي ستساعدك على تخطي عقبات فصل الشتاء العصيب: ستعرف من خلاله أفكارًا بسيطة لتحسين نظامك الغذائي ليصبح غنيًّا بالفيتامينات، فضلًا عن بعض الحِيل البسيطة التي ستجعل حياتك اليومية أكثر سلاسة وسلامة بدنية، مما يرفع من مستوى مناعتك الطبيعية ويقويها، إضافةً إلى توضيح بعض الإجراءات الوقائية البسيطة لتجنب الإصابة بالميكروبات والابتعاد عنها بالقدر الكافي.

أنت إذن تندرج تحت **النمط الثاني**، وستتعرف على كثير من الأفكار والإجراءات الوقائية التي يجب أن تتخذها، إضافةً إلى تعزيز مناعتك، حتى لا تكون عُرضة للأمراض والعدوى.

أخبرنا عن حياتك

1. هل تعيش في مدينة كبرى؟	☐ نعم	☐ لا
2. هل تستخدم المواصلات العامة؟	☐ نعم	☐ لا
3. هل تعمل ضمن مجموعة؟	☐ نعم	☐ لا
4. هل التباعد الاجتماعي متاح في موقع عملك؟	☐ نعم	☐ لا
5. هل تعيش مع أطفال (صغار في مرحلة الروضة، أو غيرها من مراحل التعليم)؟	☐ نعم	☐ لا
6. هل تعيش مع كبار السن؟	☐ نعم	☐ لا
7. هل أبناؤك غالبًا ما يكونون مرضى؟	☐ نعم	☐ لا
8. هل شريك حياتك غالبًا ما يكون مريضًا؟	☐ نعم	☐ لا
9. هل اضطررت خلال العام الماضي إلى معالجة جميع أفراد أسرتك؟	☐ نعم	☐ لا
10. هل تمارس الرياضة في مجموعة؟	☐ نعم	☐ لا

احسب نقاطك!

الأسئلة: 1، 2، 3، 5، 6، 7، 8، 9، 10	**نعم** = نقطة واحدة	
السؤال: 4	لا = نقطة واحدة	

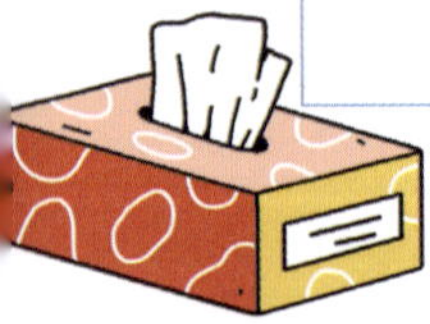

مجموع نقاطك أربع نقاط أو أكثر: وحدك أمام هذه الميكروبات!

قد تكون مناعتك جيدة ولياقتك البدنية جيدة أيضًا، لكن ربما بيئتك أو حياتك اليومية هي السبب في زيادة مخاطر إصابتك بالأمراض، على سبيل المثال: الوجود مع أطفال مرضى (سواء كانوا أبناءك أو أبناء الآخرين)، وسائل المواصلات المكتظة بأشخاص يعطسون، صعوبة تحقيق التباعد الاجتماعي، وقد تكون محاطًا بأشخاص ضعفاء يحتاجون إلى حمايتك وعنايتك بهم. إذن، عليك أن تكون صارمًا بعض الشيء كي تحمي نفسك من الإصابة بالعدوى، وتحمي من حولك أيضًا. هذا الكتاب سيساعدك على ذلك كثيرًا، إضافةً إلى وضع برنامج غذائي ونمط حياة سليم، كي تبقى في حالة جيدة، فضلًا عن التركيز على بعض الإرشادات الوقائية (التي غالبًا ما نتجاهلها)، والحِيل والنصائح التي تستهدف فترات التعرض للتلوث في أثناء ساعات العمل وفي البيت أيضًا!

أنت إذن تندرج تحت **النمط الثالث**، وبفضل التأهيل التالي ستستفيد من عدة «إجراءات وقائية» نافعة خلال فترة أوبئة الشتاء، بما أننا غالبًا لا نتذكر كل شيء، وهكذا ستتمتع بحماية أفضل!

الجزء الأول

ماذا يعني جهاز المناعة؟

مراكز قيادية عديدة، وجيوش من الخلايا المكرَّسة والمختصة، وأسلحة كيميائية قوية للغاية. إنه نظام مراقبة حقيقي، تدعمه أسلحة قوية وذات كفاءة عالية، يحرص على حمايتك منذ ولادتك وطوال حياتك، خلال ساعات يومك وعلى امتداد سِني عمرك، ويظل على أهبة الاستعداد دائمًا لمجابهة جميع الفيروسات والميكروبات المُعادية.

الفصل الأول

كيف يعمل جهاز المناعة؟

تمثِّل المناعة نظامًا دفاعيًّا منظمًا ومعقدًا ومتجددًا،
لكن كيف يحدث هذا؟

نظام فعَّال للغاية

المناعة تتطور مع مرور الوقت

يبدأ جهاز المناعة في أداء دوره منذ ولادة الإنسان، لكنه ينضج شيئًا فشيئًا. وتعتمد مناعة الطفل الرضيع جزئيًّا في بداية حياته على مناعة الأم - التي نقلت إليه أجسامًا مضادة وهو في رحمها وفي أثناء الولادة الطبيعية ومن خلال الرضاعة الطبيعية. وبعد الاحتكاك بالعالم الخارجي وميكروباته، يبدأ الطفل في تكوين نظامه الدفاعي الخاص به شيئًا فشيئًا.

تكون مناعة الطفل في أشهره الأولى ضعيفة بعض الشيء، مما يجعله عُرضة للعدوى والالتهابات في هذه الفترة، لذلك نُطعِّم الرضيع ضد الأمراض التي لا يقوى على مواجهتها بمفرده، مما يعزز من استجابته المناعية الوقائية.

تصل هذه الدفاعات المناعية إلى سن النضج عندما يبلغ الطفل أربع سنوات، وتزداد نموًّا بالتدريج مع نمو الطفل، مما يوضح سبب هشاشة الرضيع وإصابة الأطفال المتكررة بالأمراض. إذن، فالنظام المناعي يحتاج إلى وقت حتى يعمل بكامل طاقته.

أخبرني يا دكتور جوود

ما المقصود بخلايا الدم البيضاء؟

خلايا الدم البيضاء أو كرات الدم البيضاء هي المسؤولة عن المناعة، ويُنتجها النخاع العظمي من خلال ما يسمَّى بـ«الخلايا الجذعية» (غير متباينة). يُنتَج منها يوميًّا خمسون مليار خلية بيضاء لا تبقى حية سوى بضعة أيام، لكن النخاع العظمي قادر على إنتاج مزيد منها، خصوصًا في حالة الطوارئ (العدوى). ونميز من بين كرات الدم البيضاء ما يلي:

- **الخلايا البلعمية التي تؤدي دور جامع القمامة لجميع أعضاء الجسم، وقد تكون خلايا بلعمية رئيسية أو خلايا تغصنية أو خلايا متعددة النوى.**
- **الخلايا اللمفاوية التي تشمل الخلايا اللمفاوية البائية والتائية (B وT)، وأيضًا خلايا القاتل الطبيعي (NK) والقاتل الطبيعي الخارق (NTK)، التي يتمثَّل دورها في الدفاع المناعي المختص.**

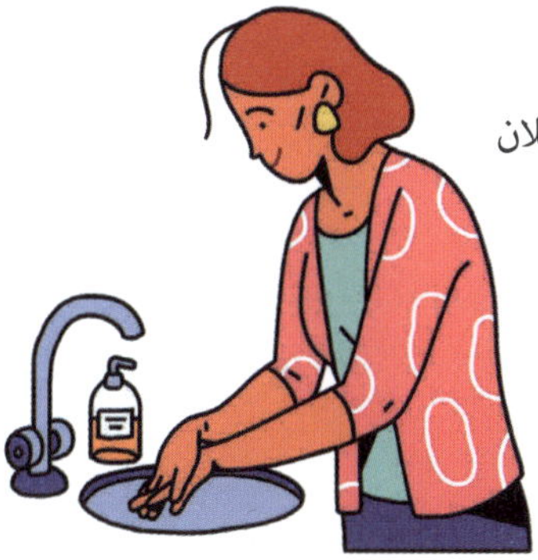

نظام «اثنان في واحد»

للمناعة وجهان متباينان، وعلى الرغم من ذلك فإن هذين الوجهين يتفاعلان معًا طوال عمر الإنسان.

المناعة الفطرية

تمثِّل خط الدفاع الأول عن الجسم أمام مسببات الأمراض، وتبدأ عملها بعد الإصابة مباشرة، وتظل فاعليتها قائمة على مدى 96 ساعة (ما يعادل 4 أيام)، وهذه هي بداية الهجمة العدائية على جميع الجبهات. ويقال إن المناعة الفطرية عمياء، لكونها تدافع بصفة عامة عن الجسم ضد العدوى، ومن دون أن تعبأ بطبيعة المهاجم. وهي سريعة، لكنها قصيرة المفعول، حيث تضع حواجز الدفاع الجسدية في المقدمة، مثل البشرة أو الشُّعَب الهوائية أو الأغشية المخاطية أو بكتيريا الأمعاء، وهي بذلك تفعل ما يسمَّى بـ«الالتهاب» ومظاهره، ثم ينتشر هذا الالتهاب في صورة مهاجمين أساسيين ضد العدو، يتمثلون في «الخلايا البلعمية الكبرى» و«الخلايا متعددة النوى»، اللتين ينتجهما النخاع العظمي.

المناعة التكيفية (أو المكتسبة)

تمثِّل خط الدفاع الثاني الذي يتولى عمله بعد مرور بضعة أيام، وهو يتكون من جيش من الخلايا اللمفاوية التي تفرزها الغدة الثيموسية (غدة تقع في القفص الصدري)، لتُجهز على العدو حتى تقضي عليه أيًّا كان هو. ويعمل هذا الخط الدفاعي أيضًا بواسطة الخلايا اللمفاوية البائية (B) (التي يفرزها النخاع العظمي) على إطلاق أجسام مضادة عبارة عن بروتينات لديها القدرة على الالتصاق بالبروتينات الغريبة الأخرى بهدف القضاء على العدو. ويؤدي هذا الخط الدفاعي أيضًا دورًا مهمًّا جدًّا، وهو دور الموثق الذي يعمل دومًا على إنشاء «ذاكرة مناعية» دائمة، ويحرص على إثرائها تدريجيًّا طوال حياة الإنسان. ويتمثل دور هذه الذاكرة في تحديد العامل المؤدي إلى المرض، وتفعيل محاربته بوجه خاص من خلال إنتاج أجسام مضادة موجهة، ولذلك تسمَّى هذه المناعة بـ«المناعة النوعية».

تدهور المناعة مع تقدم العمر

تتدهور المناعة مع مرور الوقت، ويصبح الأشخاص الذين تزيد أعمارهم على 65 عامًا، تدريجيًّا، أقل مقاومة للإصابة بالأمراض (هذا في المتوسط، لأن الأمر يختلف وفقًا للحالة الصحية العامة لكل شخص)، وهذا ما يسمَّى بـ«شيخوخة المناعة». وتصبح الاستجابة المناعية في

أضف إلى معلوماتك

وراثي أم بيئي؟

يشارك في مناعة الإنسان أكثر من 1500 جين وراثي. وقد أثبتت دراسة فرنسية أُجريت على ألف شخص يتمتعون بصحة جيدة، وتتراوح أعمارهم بين 20 و69 عامًا، أن العوامل الوراثية تتحكم فقط في المناعة الفطرية، أما المناعة التكيفية التي تُكتسب طوال العمر فهي التي تتأثر بالعوامل البيئية المحيطة بالإنسان.

ضَعف (بما في ذلك الاستجابة للتطعيمات)، كما ترتفع نسبة الالتهابات، وتستعيد بعض الفيروسات نشاطها، وتتزايد أمراض المناعة الذاتية. لذا، عليك أن تنتبه وتكون يقظًا!

«مراكز قيادة» المناعة

يتشكل جهاز المناعة من مجموعة من حاميات الجنود وأسلحة الدمار الشامل؛ جيش صغير في حدِّ ذاته، يتمركز في جميع أعضاء الجسم الاستراتيجية، ويعمل بصفة مستمرة على تطوير جميع أنواع الخلايا الدفاعية.

وزارة الدفاع: الأجهزة اللمفاوية الأولية

تُنتج الخلايا اللمفاوية، وتساعدها على التكاثر والنمو، وتمثِّل فئة كرات الدم البيضاء التي تشارك في استجابة المناعة التكيفية.

النخاع العظمي: يجب عدم الخلط بينه وبين النخاع الشوكي الذي يوجد في العمود الفقري. فالنخاع العظمي غشاء إسفنجي يوجد في الجزء الأوسط من العظام المسطحة والقصيرة (عظم القص أو الصدر، والفقرات، والضلوع، والعظام الحرقفية، وعظم العضد، وعظم الفخذ، وقبة الجمجمة). ويسمَّى النخاع العظمي أيضًا بـ«النخاع الأحمر»، ويحتوي على الخلايا الجذعية المكونة للدم (CHS)، التي تتحول فيما بعد إلى خلايا الدم المختلفة: كرات الدم الحمراء، والصفائح الدموية، وخلايا الدم البيضاء (أو كرات الدم البيضاء) الداعمة للمناعة. وينتج هذا النخاع يوميًّا خمسين مليارًا من كرات الدم البيضاء النفيسة!

الغدة الثيموسية: غدة صغيرة على شكل فراشة تختبئ أعلى الصدر (خلف عظمة القص)، وتعمل على تحويل كرات الدم البيضاء التي تصل إليها من النخاع العظمي إلى خلايا لمفاوية تائية (حرف «التاء» حتى تتذكر اسم الغدة الثيموسية).

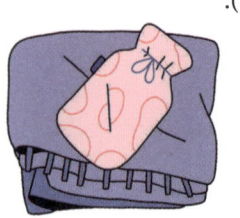

كما تعمل هذه الغدة على برمجة كرات الدم البيضاء، حتى لا تنقلب ضد نظام الجسم (كما يحدث في حالات أمراض المناعة الذاتية).

أضف إلى معلوماتك

عدسة زووم على الغدة الثيموسية

تزن الغدة الثيموسية 15 جرامًا عند الولادة، ويزيد وزنها حتى يصل إلى 35 جرامًا عند سن البلوغ، ثم تتناقص تلقائيًّا (لكن لا تختفي تمامًا) فيما بقي من عمر الإنسان: يُستبدل نسيج الغدة الثيموسية تدريجيًّا لتحل محله أنسجة دهنية، ويتزامن ذلك مع انخفاض نشاطها، وبمجرد استكمال إنتاج المخزون المحدد من الخلايا اللمفاوية التائية، وغالبًا ما يكون ذلك في سن البالغين، وينخفض نشاط الغدة الثيموسية بشكل كبير لكنه لا يسجل توقفًا كاملًا.

«الثكنات»: الأعضاء اللمفاوية الثنائية

هنا توجد حاميات الخلايا اللمفاوية، وهي فئة من كرات الدم البيضاء التي ينتجها النخاع العظمي والغدة الثيموسية، تنشط هذه الفئة في الوقت المناسب للوصول إلى استجابة المناعة التكيفية.

العُقد اللمفاوية

تنتشر هذه الأجسام الصغيرة (بحجم حبة البازلاء) بشكل عنقودي في جميع أنحاء الجسم تحت الجلد مباشرة (عددها مائة عند الرقبة ومنطقة الإبطين والفخذين)، وهذه هي المناطق الاستراتيجية للمناعة، حيث تتكاثر العديد من الخلايا المناعية المختصة التي من بينها الخلايا اللمفاوية البائية والتائية (T و B)، والخلايا البلعمية والبلازمية. كما تلعب هذه العُقد اللمفاوية دور خنادق خط الدفاع الأول الذي يبتلع الميكروبات (التي تصل عن طريق اللمف)، ثم تطلق عليها النار بواسطة كرات الدم البيضاء. وعندما تتضخم هذه العُقد اللمفاوية فهذا يشير إلى وجود إصابة! تستطيع أن تشعر بهذا التوصيف عند الإصابة باحتقان الحلق، وتصبح المنطقة التي تحت الفك مباشرة بارزة قليلة وحساسة لأي لمسة، وهذه إشارة إنذار!

الطحال

يقع هذا العضو اللمفاوي الصغير في الجزء العلوي من الجانب الأيسر للبطن، تحت القفص الصدري مباشرة، ويبلغ وزنه نحو مائتي جرام. ويعمل الطحال على فلترة دم الجسم كله، حيث إنه يمثِّل محطة تنقية، ويُعَد مخزنًا لكرات الدم البيضاء (الخلايا اللمفاوية والبلعمية). وهو عبارة عن «عقدة لمفاوية عظيمة» تقضي على بعض الجراثيم، وتطلق الخلايا المناعية في مجرى الدم. وإذا تطلب الأمر أن يعيش المريض بلا طحال فإن ذلك يعرضه للإصابة بالالتهابات، مما يوجب خضوعه للعلاج بالمضادات الحيوية لفترة طويلة.

اللوزتان

توجد اللوزتان على جانبي الجزء الخلفي من الحلق عند مدخل الجهاز التنفسي، وتشكلان حاجزًا دفاعيًّا ضد الالتهابات. وعند ظهور البكتيريا أو الفيروسات يزداد حجم اللوزتين لتشكلا حاجزًا، فضلًا عن إنتاجهما مزيدًا من الأجسام المضادة، وإطلاق إشارة التنبيه لجهاز المناعة كله. كما يبدو أنهما تعملان منذ طفولة الإنسان على مساعدة الجسم في تمييز العوامل المُعدِية.

على الرغم من أن كثيرًا من الدراسات أظهرت أن اللوزتين تكونان أحيانًا مصدرًا حقيقيًّا للإصابة بالعدوى، لكن استئصالهما ليس بالضرورة شيئًا مفيدًا، بل قد يضاعف خطورة الإصابة بأمراض الجهاز التنفسي إلى ثلاثة أضعاف في السنوات التالية لاستئصالهما.

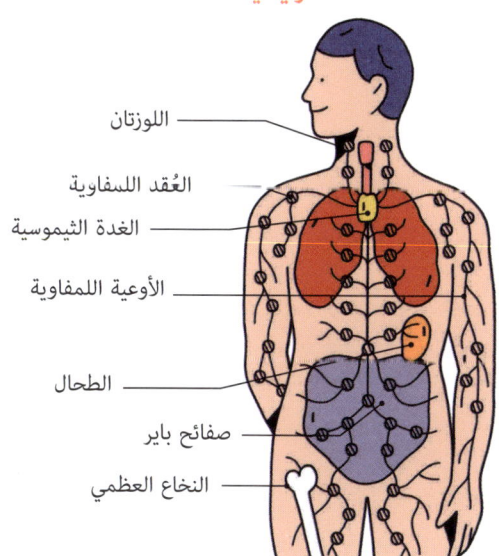

الأعضاء الرئيسية للمناعة

اللوزتان
العُقد اللمفاوية
الغدة الثيموسية
الأوعية اللمفاوية
الطحال
صفائح باير
النخاع العظمي

صفائح باير

تستقر هذه التجمعات في جدار الأمعاء (في نهاية الأمعاء الدقيقة عند المعي اللفائفي)، وتلعب دورًا أساسيًا في تحفيز استجابة مناعة الأمعاء، وتحتوي على عدد ضخم من الخلايا المناعية، خصوصًا الخلايا اللمفاوية البائية والتائية، والخلايا البلعمية أيضًا. ويرتفع عدد هذه الصفائح عند الاقتراب من الأمعاء الغليظة، نظرًا إلى أنها تحتوي على قدر كبير من البكتيريا التي يجب ألا تنتقل إلى الدم.

جيش متكامل على أُهبة الاستعداد للدفاع عنا

جيش سريع وملتزم وفعَّال، دائمًا ما تجده في قلب المعركة يواجه المتسللين، ونحن ندين له بالكثير! وفيما يلي نموذج مصغر يصف جنود هذا الجيش بترتيب مهامهم.

المرحلة الأولى - صفارة إنذار الغزو: تفعيل المناعة الفطرية

إذا ما تجرأت بكتيريا أو فيروس على عبور الحواجز الطبيعية للجسم (البشرة، والأغشية المخاطية، وبيئة الأمعاء البكتيرية)، واقتحمت المنطقة المحرمة، فعلى الفور يحدث رصد لهذا التسلل، وتندلع الحرب وفقًا لعمليات دقيقة جدًّا، لكنها عامة ولا تختلف باختلاف طبيعة العدو.

الكشافة: الخلايا البلعمية

عائلة: كرات الدم البيضاء (فصيلة الخلايا البلعمية السنخية)

الخلايا البلعمية أول مَن يصل إلى أرض المعركة، حيث الإصابة بالعدوى، فتندفع مباشرة باتجاه العدو لابتلاعه (هذه هي عملية البلعمة)، وتُطلِق على الفور صفارات الإنذار بواسطة السيتوكينات (نوع من الإشارات الكيميائية) لخلايا مناعية أخرى (الخلايا متعددة النوى والخلايا التغصنية) لطلب العون والمؤازرة.

منفذو العمليات: الخلايا متعددة النوى

عائلة: كرات الدم البيضاء (فصيلة الخلايا البلعمية السنخية)

في استجابة سريعة لطلب العون والإنقاذ، تعمل الخلايا متعددة النوى فورًا على دفع كميات كبيرة من الدم نحو الأنسجة المصابة، بهدف القضاء على العدو، ثم تلقى حتفها في ساحة المعركة بعد أن أنجزت مهمتها المكلفة بها.

القناصة: خلايا قاتلة طبيعية (القاتل الطبيعي)

عائلة: كرات الدم البيضاء (فصيلة الخلايا البلعمية السنخية)

هذه الخلايا القاتلة تمتلك القدرة على التمييز (بواسطة مستقبلات مختلفة) بين الخلايا المصابة وغير المصابة بالفيروسات، لذا فإنها تُصوِّب ضربتها بدقة في اتجاه العدو فقط، على عكس الخلايا البلعمية أو متعددة النوى التي تعمل بطريقة عشوائية.

المراسلون: الخلايا التغصنية

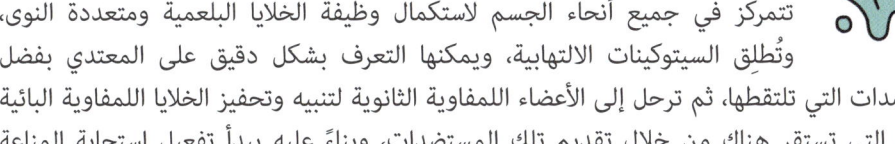

عائلة: كرات الدم البيضاء (فصيلة الخلايا البلعمية السنخية)

تتمركز في جميع أنحاء الجسم لاستكمال وظيفة الخلايا البلعمية ومتعددة النوى، وتُطلِق السيتوكينات الالتهابية، ويمكنها التعرف بشكل دقيق على المعتدي بفضل المستضدات التي تلتقطها، ثم ترحل إلى الأعضاء اللمفاوية الثانوية لتنبيه وتحفيز الخلايا اللمفاوية البائية والتائية التي تستقر هناك من خلال تقديم تلك المستضدات، وبناءً عليه يبدأ تفعيل استجابة المناعة التكيفية التي تُعَد أكثر تخصصًا.

المرحلة الثانية: تفعيل المناعة التكيفية المختصة

عندما تعجز المناعة الفطرية عن القضاء تمامًا على الإصابة (وهذا غالبًا ما يحدث عندما يكون العدو فيروسًا)، عندئذ ينطلق نظام دفاعي آخر موازٍ. والمسألة الآن لم تعد تتلخص في إتمام المهمة فحسب، بل يعمد هذا النظام الموازي إلى حفظ وتخزين المعلومات الكافية عن العدو حتى يشحذ قواه الدفاعية بصورة أفضل في مواجهة أي اعتداء تالٍ.

الاستجابة المناعية

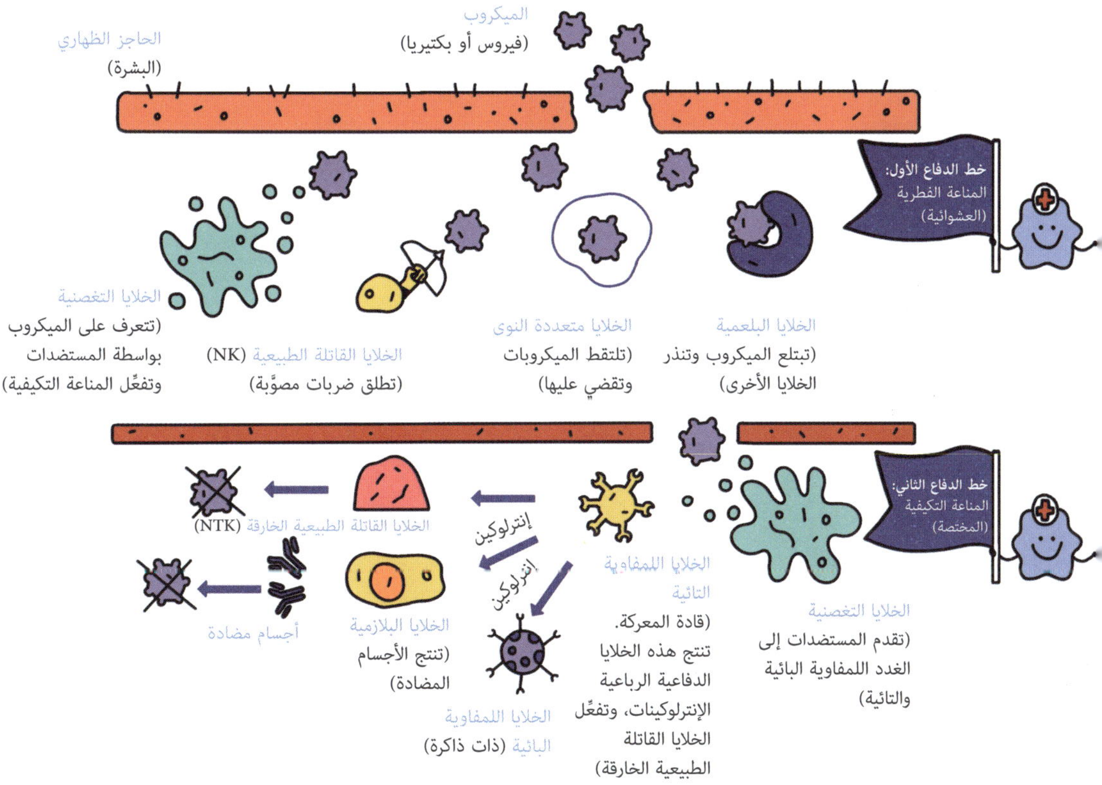

قادة المشاة: الخلايا اللمفاوية التائية

عائلة: كرات الدم البيضاء (فصيلة الخلايا اللمفاوية)

تمثِّل «كرات الدم البيضاء» القادة الفعليين ذوي القدرات الخارقة لهذه العمليات، وقد حان دورها الآن لتولي زمام الأمور. ولا شك أن الخلايا الدفاعية الرباعية (CD4) تعمل على تنسيق مناورات الخلايا اللمفاوية الأخرى (القاتلة الطبيعية الخارقة) (NTK)، وهي خلايا «فائقة القدرة على القتل». كما يجند هؤلاء القادة بعض الخلايا اللمفاوية البائية والخلايا البلازمية التي تتوجه لقصف الميكروبات بالأجسام المضادة. وأخيرًا ومن أجل التحضير للعمليات اللاحقة، تنتج الإنترلوكين وهو عبارة عن بروتين يعزز عملية تحويل الخلايا اللمفاوية البائية إلى خلايا لمفاوية ذات ذاكرة أو خلايا البلازما (انظر ما يلي).

قادة القاعدة الجوية: الخلايا اللمفاوية البائية

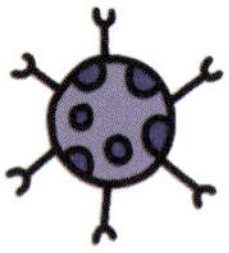

عائلة: كرات الدم البيضاء (فصيلة الخلايا اللمفاوية)

قبل البدء في العملية الدفاعية تتمركز الخلايا اللمفاوية في الدم واللمف، ثم تتوجه للانضمام إلى الأعضاء اللمفاوية الثانوية. وإثر إفراز الخلايا اللمفاوية التائية للإنترلوكينات تنقسم هذه الخلايا اللمفاوية إلى نوعين: الأول هو الخلايا اللمفاوية البائية «ذات ذاكرة»، حيث إنها تتميز بالقدرة على تذكُّر ما واجهته من أجسام ضارة تسببت في إصابة الجسم بالالتهاب، كما تتميز بطول عمرها. أما النوع الآخر فهو الخلايا البلازمية المسؤولة بشكل مباشر عن إنتاج الأجسام المضادة.

ضباط الاحتياط: خلايا البلازما

عائلة: كرات الدم البيضاء (فصيلة الخلايا اللمفاوية)

تتحول الخلايا اللمفاوية البائية إلى مصانع إنتاج الأجسام المضادة داخل العُقد اللمفاوية أو الطحال. وهذه الأجسام المضادة أو الغلوبولين المناعي عبارة عن بروتينات تسير ثم تستقر في بلازما الدم، وهذا جزء من وظيفة المناعة التكيفية. وتستهدف هذه الأجسام المضادة مستضدات معينة (أي مادة غريبة عن الجسم، وفي الغالب تكون مسببة للأمراض)، والاستجابة للإصابة بالتهاب ما، ويتطلب إنتاجها مدة تصل إلى ثلاثة أشهر، ثم تقوم برد فعل مناعي مختص وسريع وأكثر تحديدًا.

البطن: جنرال المناعة العظيم

نعلم الآن أنه دماغنا الثاني، ورئيس أوركسترا صحتنا ومزاجنا كذلك، لكنه مسؤول أيضًا عن جزء كبير من مناعتنا!

التركيز على عضو جديد

البيئة المعوية الشهيرة ببكتيريا الأمعاء أو الميكروبيوتا المعوية التي تؤوي أكثر من عشرة آلاف مليار بكتيريا (وليس عشرة أضعاف هذا العدد كما كنا نظن سابقًا)، منها 160-200 نوع مختلف

في كلٍّ منا، مما يشكّل ميكروبيوتا فريدة من نوعها أكثر من بصماتنا الرقمية! وتوجد هذه البيئة المعوية بشكل أساسي في الأمعاء الدقيقة والقولون، وتشكل من 60-70% من خلايانا المناعية.

جسم الإنسان بيئة طبيعية للبكتيريا

يصل وزن بيئة الأمعاء إلى 2 كجم! ولدينا في أجسامنا ميكروبيوتا أخرى: في الفم، والمهبل، والجلد، والأنف، والمسالك البولية... وهذه البكتيريا (المفيدة غالبًا) منتشرة في أنحاء الجسم، ونستضيف منها أعـدادًا لا تقل عن أعداد الخلايا. إنها بكتيريا ضرورية لنا!

هو أيضًا يتطور

يبدأ الغزو البكتيري في القناة الهضمية منذ ولادة الإنسان، ثم ينمو تدريجيًّا إلى أن تتكون الميكروبيوتا، وخصوصًا في السنوات الثلاث الأولى للإنسان، ثم تظل مستقرة إلى حدٍّ ما، إلى أن تتأثر من حين إلى آخر بنوعية الغذاء والأدوية، وخصوصًا المضادات الحيوية منها. وعندما تنزعج الميكروبيوتا من علاج ما (من حيث النوع أو الكمية) فإنها تشرع في إعادة هيكلة نفسها بشكل مماثل تقريبًا لطبيعتها في غضون بضعة أسابيع، لكن قد يؤدي التناول المتكرر للأدوية إلى تغيير هذه الطبيعة فتضعف تمامًا وإلى الأبد. وأخيرًا عندما يصل الإنسان إلى سن الستين عامًا ويتخطاها أيضًا تصبح الميكروبيوتا غير مستقرة، والأمر يتعلق بالتغذية وتناول الأدوية (مضادات الحموضة طويلة المدى على سبيل المثال)، والخمول أيضًا من بين الأسباب، إضافةً إلى عنصر التدهور الطبيعي للجهاز المناعي.

نظام بيئي دفاعي ذو ثلاثة مستويات

تؤدي الميكروبيوتا دور الحاجز الذي يتصدى للبكتيريا (العديدة) المسببة للأمراض التي تصل مع الأطعمة في محاولة للاستيلاء على الأمعاء. أما الغشاء المخاطي المعوي فهو يمثل المصفاة التي تمنع تسرُّب الكائنات العضوية الدقيقة إلى مجرى الدم. وأخيرًا تتعاون الميكروبيوتا (البكتيريا الحميدة) بشكل وثيق مع جهاز المناعة المعوي الذي يحمينا من المعتدين، وترشده في بداية حياته إلى كيفية التمييز بين البكتيريا الحميدة والضارة، مما يؤثر في نمو هذه البكتيريا وتحفيزها. وقد ثبت أن الفئران التي تربت بلا ميكروبيوتا لديها صفائح باير غير الناضجة، والقليل من الخلايا اللمفاوية، وتشوهات في الطحال والعقد اللمفاوية.

الفصل الثاني

الهجوم على العدو!

أعداؤنا في الشتاء، والأيام المشمسة أحيانًا!

هل هذه نزلة برد أم إنفلونزا؟ هل هي عدوى فيروسية أم بكتيرية؟ هل نُصاب بالنزلة المعوية في الصيف، واحتقان الحلق في الشتاء؟ هذه هي أغلب الميكروبات الدقيقة التي تتربص بصحتنا.

البكتيريا والفيروس: ما الفرق بينهما؟

الفيروس: منقسم ذاتي خطير

- **الحجم**: جزء من المليون من الملليمتر.
- **التفاعل**: الفيروس كيان بيولوجي لا يستطيع العيش أو التفاعل أو التكاثر إلا عندما يقتحم خلية (أو بكتيريا)، فيتطفل عليها ثم ينقسم ذاتيًا إلى مئات النسخ.
- **الأدوية**: مضادات الفيروسات، واللقاحات.
- **أنواع الفيروسات**: الإنفلونزا، والجدري المائي، وأمراض نقص المناعة البشرية، والحمى الغدية، وكوفيد 19، إلخ.

البكتيريا: مستعمرة نافعة أم لا؟

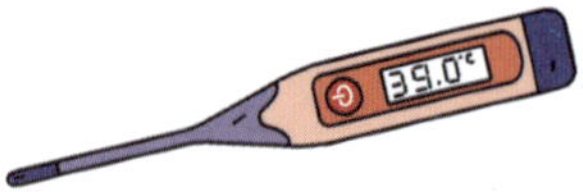

- **الحجم**: جزء من الألف من الملليمتر.
- **التفاعل**: هي خلية «حقيقية» ومعها كروموسوم (أداة وراثية). ومعظم البكتيريا مفيدة (خصوصًا بكتيريا الأمعاء أو الميكروبوتا على سبيل المثال)، وتوجد في أجسامنا وفي البيئة المحيطة بنا.
- **الأدوية**: مضادات حيوية.
- **أنواع البكتيريا**: الطاعون، والسل، والالتهاب الرئوي، والسعال الديكي، إلخ.

الشتاء

نزلة برد: فيروس الأنف (يوجد منه أكثر من 200 نوع)

- **الأعراض:** انسداد الأنف أو سيلانه، والعطس، والصداع، والشعور بالإرهاق، وارتفاع درجة الحرارة أحيانًا (ارتفاع طفيف أو متوسط)، وآلام الحلق، والسعال.
- **المدة:** تتراوح بين 7 و10 أيام.
- **هل هي شائعة؟** يُصاب البالغون مرتين أو ثلاث مرات في العام، والأطفال، خصوصًا الصغار، ثماني إلى عشر مرات.
- **طريقة العدوى:** من خلال العطس، أو رذاذ اللعاب، أو التلامس باليد، أو لمس الأشياء الملوثة.
- **كيفية التعامل:** غسل الأنف، وتخفيف الأعراض، والصبر على الألم، واستشارة الطبيب في حالة تفاقم الأعراض، مثل: (انسداد الجيوب الأنفية، ونزول المخاط من الأنف بلون أخضر واضح، والارتفاع الشديد في الحرارة، والتهاب الأذن، إلخ).

الإنفلونزا: فيروس الإنفلونزا (أ، ب، ج)

- **الأعراض:** السعال المصحوب بالبلغم، وارتفاع درجة الحرارة (39 درجة مئوية)، وآلام العضلات، والشعور بالإعياء الشديد، والقشعريرة.
- **المدة:** تتراوح بين 3 و7 أيام.
- **هل هي شائعة؟** يتراوح عدد الإصابات في فرنسا سنويًا بين مليونين وستة ملايين إصابة، وفقًا لما جاء عن هيئة الصحة العامة بفرنسا.
- **طريقة العدوى:** من خلال المفرزات التنفسية (البصق أو العطس)، أو التلامس بالأيدي، أو لمس الأشياء الملوثة.
- **كيفية التعامل:** التدفئة تحت اللحاف، وتناول «باراسيتامول» لخفض الحرارة، وترطيب الجسم. وتجب استشارة الطبيب في حالة الحمل، وكِبر السن، أو عند وجود أمراض مزمنة، وخصوصًا من يعانون أمراض نقص المناعة، وكذلك إذا ازدادت الأعراض سوءًا (كصعوبة التنفس، أو البصاق المصحوب بالدم أو القيح، إلخ)، أو عندما لا تتحسن الحالة بعد مرور 72 ساعة.

النزلة الشُعبية: الفيروس المخلوي التنفسي

- **الأعراض:** السعال، وانسداد الشُعب الهوائية، والنهجان، والتنفس ذو الصفير عقب الإصابة بالزكام.
- **المدة:** تتراوح بين 8 و10 أيام.
- **هل هي شائعة؟** نعم عند الأطفال الرُضع (أقل من عامين)، وثمة نصف مليون حالة سنويًّا.
- **طريقة العدوى:** من خلال إفرازات اللعاب أو الأنف أو الشعب الهوائية، أو التلامس باليد، أو لمس الأشياء الملوثة.
- **كيفية التعامل:** استشارة طبيب الأطفال، وتوفير العناية، ومراقبة الطفل.

أخبرني يا دكتور جوود

هل المناعة تكون أكثر نشاطًا في الشتاء؟

يبدو أن جهاز المناعة يكون أكثر فاعلية في الشتاء! فهو يتكيف مع اختلاف الفصول، معتمدًا في ذلك على عامل الجينات الوراثية من أجل مواجهة تزايد انتشار الميكروبات (التي تشتد قوتها في فصل الشتاء) وحمايتنا بصورة أفضل. وعلى عكس ذلك يبطئ جهاز المناعة في فصل الصيف من نشاطه، ويميل إلى الاستمتاع بالإجازة الصيفية!

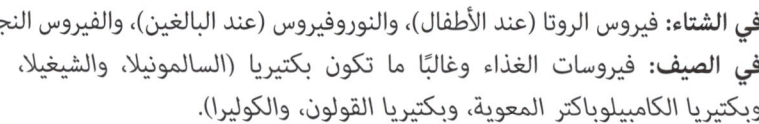

في الشتاء، وفي الصيف أيضًا

التهاب المعدة والأمعاء

في الشتاء: فيروس الروتا (عند الأطفال)، والنوروفيروس (عند البالغين)، والفيروس النجمي.

في الصيف: فيروسات الغذاء وغالبًا ما تكون بكتيريا (السالمونيلا، والشيغيلا، وبكتيريا الكامبيلوباكتر المعوية، وبكتيريا القولون، والكوليرا).

- **الأعراض:** الإسهال، والغثيان، والقيء، والتقلصات المعوية، والمغص، وأحيانًا ارتفاع درجة الحرارة.
- **المدة:** تتراوح بين 24 و72 ساعة.
- **هل هو شائع؟** تصل الإصابات في فرنسا إلى نحو 2.6 مليون حالة سنويًا.
- **طريقة العدوى:** من خلال التغوط، أو القيء، أو لمس الأيدي أو الأسطح الملوثة بآثار المرض.
- **كيفية التعامل:** مقاومة الجفاف، واتباع حمية غذائية تتكون من الأرز أو الجزر أو الموز. وتجب استشارة الطبيب إذا كان عمر المريض يناهز الـ75 عامًا، وكذلك في حالة الإصابة بأمراض نقص المناعة أو الجفاف، أو إذا زار المريض مؤخرًا إحدى الدول الاستوائية، أو عند الشعور بعدم التحسن، أو تدهور الأعراض خلال 72 ساعة. وبالنسبة إلى الأطفال أو الرُّضع، تجب استشارة طبيب الأطفال.

التهاب الأذن: (الفيروس المخلوي التنفسي)، وفيروسا الإنفلونزا «أ» و«ب»، وفيروس الأنف، والفيروس المعوي، وفيروس الغدد، والبكتيريا أحيانًا (خصوصًا في الصيف)، مثل: المكورات الرئوية، والإنفلونزا المستدمية، والمكورات العنقودية.

- **الأعراض:** ألم الأذن (يكون ألمًا شديدًا أحيانًا)، وغالبًا ما يظهر عقب الإصابة بنزلة برد، أو ارتفاع درجة الحرارة، أو السيلان القيحي للأنف، أو ثقب في طبلة الأذن.
- **المدة:** تتراوح بين 2 و3 أيام.
- **هل هو شائع؟** عند الأطفال الأقل من خمس سنوات. ويدفع التهاب الأذن نحو 4.5 مليون حالة سنويًا إلى استشارة الطبيب.
- **طريقة العدوى:** ليس مرضًا معديًا.
- **كيفية التعامل:** استشارة الطبيب حتى يقرر تناول المضاد الحيوي إذا لزم الأمر.

احتقان الحلق: إن الإصابة باحتقان الحلق نادرًا ما تحدث بسبب بكتيري (لكن غالبًا ما يكون المتسبب هو النوع العقدي من البكتيريا).

ثلاث معلومات يجب أن تعرفها عن أنفك

تمثل هذه البوابة التي تدخل منها الميكروبات، في حدِّ ذاتها، ظاهرة عجيبة جدًّا!

- **مهمة عملاقة: يصل حجم تجويف الأنف الطبيعي إلى 8 مل (ما يعادل فنجان قهوة صغيرًا!)، ويعبر من خلاله يوميًّا ما يقرب من عشرين ألف لتر من الهواء، وهو ما يعادل 100 مغطس ممتلئ بالماء!**
- **قوة حقيقية: عند العطس يخرج الهواء من الأنف مندفعًا بسرعة 166 كم/ساعة (أما الهواء الذي يندفع إثر السعال فسرعته 100 كم/ساعة).**
- **كثافة سكانية غير متوقعة: «الميكروبيوتا الأنفية» تعني بيئة البكتيريا التي تسكن الأنف بشكل طبيعي، ويترتب عليها مدى خطورة الإصابة بنزلة البرد! وقد تكون ساحة خصبة لتلقي العلاج الوقائي أو الفعلي للأمراض.**

- **الأعراض:** آلام الحلق خصوصًا عند البلع، والحمى المعتدلة، والغدد العقدية في العنق، وأحيانًا يكون مصحوبًا بالسعال أو الزكام أو اضطرابات في الهضم أو صداع.
- **المدة:** 4 أيام.
- **هل هو شائع؟** نحو 9 ملايين إصابة سنويًّا في فرنسا.
- **طريقة العدوى:** الاتصال المباشر أو غير المباشر من خلال اللعاب ومن خلال الأنف.
- **كيفية التعامل:** تخفيف الألم (باراسيتامول، والعقاقير غير الستيروئيدية (AINS) المضادة للالتهابات)، واستشارة الطبيب الذي يحدد الحاجة إلى تناول المضادات الحيوية.

خطر جديد؟

كوفيد 19: فيروس كورونا (SARS-COV-2)

- **الأعراض:** السعال الجاف، والحمى، وضيق التنفس، وآلام العضلات، والصداع، والقشعريرة، والارتعاش، وجفاف الحلق، وفقدان حاستَي الشم والتذوق، وفي بعض الأحيان آلام معوية.
- **المدة:** قد تصل إلى 14 يومًا.
- **هل هو شائع؟** بدأ الوباء المتعلق بهذا الفيروس الجديد في يوهان في الصين، وألقى شبحه سريعًا على الكوكب كله.
- **طريقة العدوى:** من خلال رذاذ اللعاب، أو العطس، أو اللمس بالأيدي، أو لمس الأسطح الملوثة بالفيروس، وأيضًا عن طريق المراحيض وأماكن التغوط (لكنه قيد البحث).
- **كيفية التعامل:** العزل، ومراقبة الأعراض، والتواصل مع الطبيب للمتابعة والمشورة.

كيف يعمل اللقاح؟

إنه اختراع طبي عظيم أنقذ حياة الملايين من سكان الكوكب، وهو يعمل على تقوية المناعة التكيفية. ولكن كيف؟

اعرف عدوك حتى تحمي نفسك منه

مهمة اللقاح هي إجبار الجسم على التفاعل ضد الفيروس أو البكتيريا وحماية نفسه منها، وذلك من خلال تحفيز الاستجابة المناعية الموجهة. وتتكون اللقاحات من أجسام مُعدية (فيروسات أو بكتيريا) ذات فاعلية محدودة (الحصبة، الحصبة الألمانية، النكاف، الصفراء) أو أجسام معطلة (فيروس كامن) لا تستطيع التفاعل أو التكاثر.

> **لمحة تاريخية**
>
> ظهر أول لقاح في العالم في عام 1796، على يد طبيب حملة طبية إنجليزية يُدعى «إدوارد جينر»، عمد إلى تطعيم طفل يبلغ من العمر ثماني سنوات ضد التدهور الخطير لمرض الجدري المائي، مستخدمًا صديد اللقاح، أو لقاح جدري البقر، وهو شكل مخفف من المرض ينتشر بين المزارعين. وكان ذلك قبل قرن من ظهور لقاح «باستور» ضد السعار في عام 1885!

كيف تعمل الذاكرة المناعية؟

بمجرد الحقن باللقاح الذي يحتوي على العنصر المُعدي أو الكامن، ينشط جهاز المناعة ويُطلق الضوء الأحمر للإنذار! ويتعرف جهاز المناعة على المستضدات، فيحشد جميع الفِرق الخاصة بإنتاج الأجسام المضادة الحامية والموجهة (أو الغلوبولين المناعي) التي تستقر لاحقًا في قاعدة البيانات. ولذلك، فبمجرد ظهور هذا العنصر المُعدي مرة أخرى يُتَعامَل معه فورًا وبسرعة من قِبل جهاز المناعة، ويُواجَه باستهداف أقوى وفاعلية أكبر.

المضادات الحيوية: قوة فتاكة بالفعل، لكن...

كثيرًا ما سمعنا أنها فعَّالة، لكن ثمة «محاذير»، حيث يجب أن تعرف لماذا ومتى تُستخدم هذه المضادات الحيوية.

ما فائدتها؟

تهدف المضادات الحيوية إلى تدمير البكتيريا الضارة المسببة لبعض الأمراض، ويوجد من هذه المضادات الحيوية كثير من العائلات، ولكل عائلة نمط خاص بها في مواجهة البكتيريا (تقطيع الأغشية، أو تعطيل آلية دورة الحياة، أو مهاجمة الحمض النووي بغرض إيقاف التكاثر)، والتركيز على أعضاء معينة، إلخ. وبعض هذه العائلات يُطلق عليها «واسع المجال»، مثل الأموكسيسيلين الذي يقضي على كثير من البكتيريا النافعة، لكن ثمة عائلات أخرى أكثر تمييزًا للأعداء والقضاء عليهم، لكنها مع الأسف ليست فعَّالة عندما يكون الميكروب المسبب للمرض من الفيروسات وليس من البكتيريا، وفي هذه الحالة تختلف كيفية التعامل معه تمامًا (انظر أعلاه صفحة 16). ولذلك لا تكون المضادات الحيوية فعَّالة مع أمراض الشتاء مثل نزلات البرد (فيروس الأنف)، أو الإنفلونزا، أو النزلات الشُّعبية، أو التهاب القصبة الهوائية، ونادرًا ما تعالج التهاب الأذن، واحتقان الحلق، والتهاب اللوزتين، الذي يكون غالبًا التهابًا فيروسيًّا، لكن يمكن وصف المضادات الحيوية عندما يتحول الالتهاب من فيروسي إلى بكتيري.

ما آثارها الجانبية؟

تدمر المضادات الحيوية البيئة المعوية البكتيرية (تؤثر في الميكروبيوتا وقوتها)، مما يؤدي إلى اضطرابات في الجهاز الهضمي (خصوصًا الإسهال) وظهور الفطريات المهبلية عند النساء (بسبب خلل البيئة البكتيرية المهبلية أيضًا)، وفي بعض الحالات الأخرى قد تتسبب في الحساسية (الجلدية أو في الجهاز التنفسي)، وفي هذه الحالة من الضروري تغيير عائلة الدواء.

أخبرني يا دكتور جوود

هل لقاح الإنفلونزا مفيد لي؟

نعم، إذا تجاوزت خمسة وستين عامًا (وإن كنت بصحة جيدة لكنك أصبحت ضعيفًا)، وإذا كنت متخصصًا في مجال العناية بالصحة (بمن في ذلك الممرضون أو من يعملون في دور المسنين)، أو في حالة الحمل (حيث يحمي اللقاح الجنين أيضًا)، أو في حالة الإصابة بمرض مزمن (يتمثل الخطر في المضاعفات التي قد تظهر عقب الإصابة بالإنفلونزا).

لماذا يجب ألا يكون تناولها شيئًا منهجيًّا؟

إن الاستخدام المتكرر، أو غير الصحيح (مثل الانقطاع المبكر عن تناول العقار، أو عدم مراعاة الجرعة المقررة) قد يؤدي إلى زيادة مقاومة بعض أنواع البكتيريا، مما يتسبب في تكاثرها. في هذه الحالة تقل فاعلية العقار شيئًا فشيئًا، وتتمكن هذه البكتيريا التي اشتدت مقاومتها من الانتشار بين الأفراد، وعن طريق الاتصال غير المباشر من خلال الأشياء أو البيئة أو الطعام. ويُعَد الفرنسيون من الشعوب الأكثر استهلاكًا للمضادات الحيوية، وقدِّر استهلاكهم بنسبة 5.6% بين عامي 2011 و2016، ومن المتوقع أن تؤدي مقاومة البكتيريا للمضادات الحيوية إلى 12500 حالة وفاة سنويًّا في فرنسا.

إنذار

أخبار مزيفة!

لا، إن المضادات الحيوية لا تسبب الشعور بالإعياء!

لكن الالتهاب الذي وُصفت للقضاء عليه هو الذي يُشعرنا بالإعياء، بسبب ما ينجم عنه من ارتفاع درجة الحرارة والآلام، وكذلك النشاط المفرط لجهاز المناعة.

متى نلجأ إليها؟

عندما يصفها الطبيب فحسب، مع اتباع النشرة الداخلية، خصوصًا فيما يتعلق بالجرعة وفترة العلاج! إذن لا يصح أن تقرر تناول المضادات الحيوية من تلقاء نفسك، وتظن أنه «لا ضير في ذلك»، خصوصًا إن كانت الحالة لا تستدعي مضادات حيوية، ويجب ألا تتعامل معها بوصفها عقاقير للوقاية، وعليك أن تحذر من استخدامها!

متى يختل جهاز المناعة؟

عندما تصل المناعة إلى أعلى درجات الكفاءة فإنها أحيانًا تتحرر أو تنطلق، لكن لماذا؟ وما الذي يحدث؟

الحساسية: فرط الحساسية

سواء كانت حساسية الجهاز التنفسي، أو حساسية جلدية، أو خاصة بالغذاء، فإنها تعبِّر عن رد فعل غير مناسب لجهاز المناعة الذي انطلق للتصدي لبعض الأجسام الغريبة على الجسم (حبوب اللقاح، البروتينات الغذائية، المنظفات) على الرغم من أنها ليست أجسامًا خطيرة بالفعل. وبناء على ذلك يتفاعل الجسم مع أنه لا ينبغي له ذلك، فيعمل على إفراز نوع معين من الغلوبولين المناعي، وهو أجسام مضادة مسؤولة عن رد الفعل الفوري في حالة فرط الحساسية، وهي تحفز بدورها إنتاج الوسائط الكيميائية (مثل الهيستامين) المسؤولة عن الاضطرابات العرضية المصاحبة للحساسية: الاحمرار، أو العطس، أو التورم، إلخ.

وقد انتشرت الحساسية بصورة كبيرة خلال العقود الأخيرة، خصوصًا حساسية الجيوب الأنفية (التي تؤثر حاليًّا في واحد من كل أربعة فرنسيين من مختلف الأعمار). والسبب هو تلوث الغلاف الجوي، والتوسع الحضري، وانتشار المباني الخرسانية، وعدم التنوع المناخي. كما ارتفعت نسبة الحساسية الغذائية عقب إدخال أنواع أطعمة جديدة إلى حياتنا اليومية.

على أي حال، يمكن تخفيف الحالات وعلاجها: عليك بزيارة الطبيب من أجل التشخيص، ثم إن لزم الأمر فعليك أن تستشير طبيب أخصائي حساسية.

أمراض المناعة الذاتية: اختفاء المعالم

في هذه الحالة يختل الجهاز المناعي، ويظن أنه يهاجم العدو بينما هو يهاجم ذاته! أي أنه يدافع عن نفسه ضد نفسه! فتعمل الأجسام المضادة على إتلاف خلايا الجسم والأنسجة والأعضاء وتحدث الالتهابات. ويمكن تمييز أكثر من ثمانين مرضًا من أمراض المناعة الذاتية، منها التصلب المتعدد في الجهاز العصبي، والتهاب المفاصل الروماتويدي، وداء الذئبة الحمامية، ومرض السكري من النوع الأول. وتشير التقديرات إلى أن 5-8% من سكان الأرض يعانون أمراض المناعة الذاتية، ومن بين كل عشرة أفراد مصابين نجد ثماني نساء. ويبقى جزء من هذه الظاهرة بلا تفسير، لكن يبدو أن ثمة ارتباطًا بالعوامل الوراثية الفردية (تتعلق بالهرمونات وطبيعة الميكروبيوتا)، وعوامل أخرى بيئية (الضغط العصبي، والتدخين، والالتهابات التي سبقت الإصابة بها بسبب الفيروسات). ويختلف العلاج وفقًا لطبيعة المرض، ويهدف إلى السيطرة على المناعة الذاتية من خلال علاج حيوي معين، وأيضًا من خلال تحييد الأجسام المضادة الموجهة ضد «الجسم».

الفصل الثالث

الركائز الأساسية للمناعة القوية

بعض منا يُصاب بكل ما يمر به، وبعض آخر قد لا يُصاب بأبسط شيء وهو الزكام طوال فترة الشتاء، فما السر؟ هناك جزء يتعلق بالعامل الوراثي، وجزء آخر غالبًا ما يتعلق بالعناية اليومية بالنظافة والصحة. سنوضح فيما يلي كيف يساعد ذلك على تكوين نظام مقاومة حقيقية طوال فترة الشتاء، وكيفية الحفاظ على كفاءة هذا النظام!

الاهتمام بالغذاء يومًا بعد يوم

تمثِّل الفيتامينات والمعادن والبكتيريا النافعة والبروبيوتيكات ذخيرتك الخاصة التي تساعد «آلة الحرب» على العمل بأفضل صورة.

الفيتامينات الأربعة الرائعة: «أ»، «ج»، «هـ»، «د»

فيتامين «أ»: صديق العين والبطن

يساعد على نمو الخلايا اللمفاوية، ويسهِّل التمييز فيما بينها، فضلًا عن أنه يحفز إنتاج الأجسام المضادة، وهو ضروري بالنسبة إلى الأنسجة المخاطية، خصوصًا أنسجة الجهاز الهضمي التي يعينها على التصدي للميكروبات. أين نجده؟ في الخضراوات والفواكه باللون البرتقالي والأخضر في صورة بيتا كاروتين (الجزر، والسبانخ، واليقطين، والمانجو، والبطاطا الحلوة، والجرجير، والخس، إلخ)، وفي المنتجات الحيوانية في صورة الريتينول (كبدة العجل أو البقر أو الدواجن، والزبد، والقشدة، والجبن، والبيض).

فيتامين «ج»: المنشط الفائق

يساهم في كل مراحل الدفاع، خصوصًا مرحلة إنتاج الأجسام المضادة، فيحفز هذه العملية ويسرع من إنتاج الخلايا اللمفاوية. وعلى الرغم من أن الأبحاث المتعلقة بتناول المكملات الغذائية متضاربة، لكن تناول هذا الفيتامين أظهر أثرًا ملحوظًا في الإقلال من الإصابة بنزلات البرد أو الإنفلونزا، والتخفيف من شدة أعراض هذه الأمراض ومدتها أيضًا، كما أثبتت التجارب العملية تأثيره المضاد للفيروسات، خصوصًا عند استقرار ضغط الدم.

أين نجده؟ في الخضراوات والفواكه الملونة، التي يجب تناولها عند كل وجبة.

فيتامين «هـ»: الضروري لكبار السن

مضاد للأكسدة، فضلًا عن أنه يحفز جهاز المناعة. وقد أثبتت بعض الدراسات أن تناول هذا الفيتامين - خصوصًا بالنسبة إلى كبار السن الذين يعانون نقصه غالبًا - يساعد على زيادة الخلايا المناعية (الخلايا اللمفاوية التائية، والخلايا القاتلة الطبيعية)، كما يساعد أيضًا على الحد من التهابات الأنف والأذن والحنجرة.

أين نجده؟ في جنين القمح، وزيت بذور اللفت، وزيت عبّاد الشمس، وزيت البندق، والبيض، والسردين المعلّب.

فيتامين «د»: مضاد للفيروسات لا غنى عنه

ينشّط جهاز المناعة، ويحفّز إنتاج مضادات الفيروسات التي يفرزها الجسم، مما يقلل من خطر الإصابة بعدوى الجهاز التنفسي. لكن الجسم لا يتمكن من إنتاج هذه المضادات الطبيعية إلا عند التعرض لأشعة الشمس، لذلك يقل مخزونه منها اعتبارًا من شهر نوفمبر، وهذا ما يفسر سبب زيادة الأمراض في الشتاء. ويُفضل خلال أشهر الشتاء الرمادية تناول فيتامين «د» والاستعانة به (تناول 1000 وحدة دولية يوميًا بدلًا من تناول جرعات متقطعة خلال شهر أو ثلاثة أشهر).

أين نجده؟ في زيت كبد الحوت، والأسماك الغنية بالدهون (السردين، والسلمون، والماكريل، والأنشوجة، إلخ).

رباعي المعادن المفيد للغاية

الزنك: موجود بكثرة

يتدخل في عمل الغدة الثيموسية (التي تصنع بدورها الخلايا اللمفاوية التائية)، فضلًا عن أنه يعطل انتشار فيروس الإنفلونزا ونزلات البرد وبعض أنواع فيروس كورونا. وأكثر من يتعرض لنقص هذا الفيتامين هم كبار السن والنباتيون والمرضى الذين يعانون أمراض الجهاز الهضمي المزمنة.

أين نجده؟ في محار البحر، وفواكه البحر، والمأكولات البحرية النيئة، والأسماك، واللحوم، والبيض.

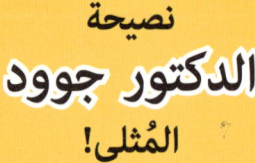

نصيحة الدكتور جوود المُثلى!

من أجل مناعة جيدة، يجب الحفاظ على سلامة واتزان البيئة البكتيرية للأمعاء. وبالتالي لا بد من العناية بالتغذية الصحية!

يجب أن تحتوي قائمة الطعام على البروبيوتيكات (البكتيريا النافعة) التي نجدها في المنتجات الغذائية المخمرة بالحليب: خبز العجين المخمر، والزبادي، ومخلل الكرنب، ومخلل الخيار والزيتون، وفول الصويا، إلخ.

يجب أيضًا تناول البروبيوتيكات التي تعمل كغذاء للبكتيريا المعوية الحميدة (الميكروبيوتا)، وهي عبارة عن ألياف غذائية «غير قابلة للهضم»، مثل الإينولين والسيليلوز الموجودين في الفواكه والخضراوات (الثوم، والخرشوف، والهليون، والموز، والبنجر، والخس، والهندباء، والبصل، والكراث...)، والبقوليات (الفاصوليا، والعدس، والحمص)، والحبوب (الشوفان، والقمح، والكتان، والشعير، والجاودار)، والبذور الزيتية (اللوز، والجوز).

المغنيسيوم: وقود اللياقة

يتميز المغنيسيوم بفائدته في حالات الشعور بالتوتر، فضلًا عن فاعليته في مقاومة الشعور بالإجهاد، كما أنه يساعد على إنتاج خلايا الدم البيضاء. لذلك يجب أن تهتم بتناوله في فترة الشتاء القارس.

أين نجده؟ في اللوز، والجوز، والشوكولاتة الداكنة، ومسحوق الكاكاو، وفواكه البحر، والأرز البني، والخبز.

الحديد: لمناعة من حديد

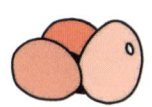

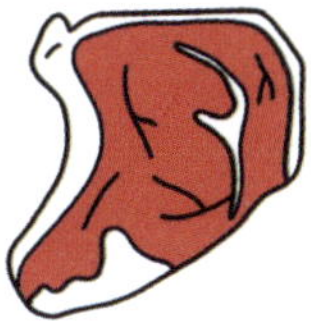

يؤدي نقصان هذا المعدن من الجسم إلى جعله أكثر عُرضة للإصابة بالأمراض: المناعة تنخفض، ونشاط «الجنود الصغار» التابعين لها ينخفض أيضًا.

أين نجده؟ في اللحم الأحمر، والسجق الداكن، وكبدة الحيوانات، والقواقع البحرية (بلح البحر، والمحار، والقشريات البحرية، والمحار الكبير)، والعدس، والفاصوليا، والفول، والكاكاو، والحبوب الزيتية مثل السمسم وعَباد الشمس والكاجو وجوز البقان والمكاديميا والبندق.

السيلينيوم: مضاد أكسدة وقائي

يساعد على تكاثر الخلايا اللمفاوية التائية، وزيادة استجابة الخلايا المناعية، لا سيما من خلال السيتوكينات، ويبدو أنه يعزز أيضًا القضاء على الفيروسات، كما أن نقصانه في الجسم يؤدي إلى ضعف كفاءة الدفاعات.

أين نجده؟ في اللحوم، والأسماك، وفواكه البحر، والبيض، والبذور الزيتية، والحبوب.

النوم الجيد: التوازن الذي لا بديل له

هل تنام مثل الطفل الرضيع؟ إن كنت كذلك فهذا شيء جيد حتى لا تكون عُرضة للأمراض! وإن كان الأمر ليس كذلك، فعليك أن تهتم بهذا الأمر من أجل تحسين نومك من الآن فصاعدًا.

النوم أمر أساسي

تقل ساعات نومنا شيئًا فشيئًا (النقصان بمعدل ساعة ونصف على مدى الخمسين عامًا)، وهناك 55% من الفرنسيين يبحثون عن نوم هادئ[1]، وقد ثبت أن جودة النوم ومدته تؤثران في الأجهزة الدفاعية الطبيعية للجسم. وهذا ليس عجيبًا، فالنوم والراحة يساعدان على تجديد حيوية الجسم. لذلك فإننا لا نستطيع العيش بلا نوم!

مزيد من النوم: قليل من نزلات البرد

ثمة دراسة لفريق أمريكي أثبتت أن الأفراد الذين ينامون ساعات قليلة (أقل من 7 ساعات في الليلة) يتعرضون للإصابة بنزلات البرد بنسبة 2.94 مرَّة أكثر من غيرهم.

---

1   وفقًا لبحث المعهد الوطني للنوم واليقظة (INVS) (انظر المراجع صفحة 63).

أما بالنسبة إلى الذين يعانون الأرق فإن الأمر أسوأ، إذ إن خطورة التعرض للإصابة مضاعفة خمس مرات! وقد أثبتت دراسة فرنسية أجراها المعهد الوطني للصحة والأبحاث الطبية على مدى أربع سنوات أن النوم السيئ يزيد من خطورة الإصابة بالأمراض. أما الحيوانات، فإن فصيلة القوارض هي الأقل عُرضة للأمراض.

احذر، فقد تُصبح هشًّا!

إساءة استخدام الشاشات، والآثار الطبيعية للتقدم في العمر (يقل النوم عند كبار السن)، والنمط غير المنتظم، وشخير الزوج أو الزوجة، والضوضاء، والإضاءة الزائدة على الحد، والعشاء الدسم في ساعات الليل المتأخرة؛ من بين أسباب قلة النوم المتعددة، وترجع غالبًا إلى نمط الحياة الذي يتطلب الانضباط قبل التفكير في تناول الأدوية التي لا نسلم دائمًا من آثارها الجانبية. على أي حال، اعلم أن قلة النوم لا تؤثر في مزاجك فحسب، بل تؤثر في صحتك ومناعتك أيضًا!

النشاط البدني: مارس الرياضة لتحمي نفسك

يؤدي نمط الحياة الخالي من النشاط إلى إصابة الجسم بالأضرار على جميع الأصعدة: الوزن، والقلب، والصحة، والمناعة، لذا عليك بتحفيز نفسك واستثمر أموالك في الأحذية الرياضية!

فوائد مثبتة

تساعد ممارسة الرياضة المنتظمة والمعتدلة على تعزيز دفاعات الجسم الطبيعية، حيث إنها تعمل على تخفيف الشعور بالتوتر والإجهاد (وهما عدوان للمناعة)، وتعمل أيضًا بشكل مباشر على زيادة عدد ونشاط كرات الدم البيضاء (الخلايا النيتروفيلية متعددة الأشكال، والخلايا الأحادية، والخلايا اللمفاوية)، ويحدث ذلك فور الانتهاء من جلسة التمرين. وأفضل ما في الأمر أن إحدى الدراسات أثبتت أن النشاط البدني يحمي أيضًا من الإصابة بالتهابات الجهاز التنفسي.

متى تجب الاستشارة؟

عندما يصبح الخلود إلى النوم مشكلة، يُفضّل أن تتحدث مع طبيبك الخاص، أو تزوره زيارة خاصة (لا تترك المشكلة إلى ما قبل نهاية الزيارة) حتى تتمكن من مناقشته بشكل تفصيلي والبحث معه عن حل.

معدل النوم لدى الفرنسيين

6-41 ساعة: متوسط عدد ساعات النوم بين الفرنسيين خلال الأسبوع.

7-51 ساعة: متوسط عدد ساعات النوم خلال أيام عطلات نهاية الأسبوع، أو خلال أيام الإجازات.

يستيقظ 8 من كل 10 فرنسيين في أثناء الليل، ومتوسط مدة هذا الاستيقاظ: 32 دقيقة.

24% من الفرنسيين يُقال عنهم «نعسانين».

كبار السن يمارسون الرياضة أيضًا!

لا توجد سن محددة للاستمتاع بفوائد ممارسة الرياضة، لذا يجب عدم التوقف عن ممارسة الرياضة عند سن التقاعد، فالنشاط البدني يظل مفيدًا حتى بعد سن السبعين. وقد أثبتت الدراسات أن الرياضة تؤخر حدوث الضعف الطبيعي للمناعة طوال العمر (شيخوخة المناعة)، وهو الضعف الذي تنتج عنه زيادة وهن كبار السن. لذا لا بد من الحفاظ على المناعة عامًا تلو عام في سبيل الحصول على نشاط دائم!

نصيحة
الدكتور جوود
المُثلى!

نعم للرياضة! لكن في إطار بعض القواعد!

- **البدء بالإحماء.**
- **الانتهاء بوضع هادئ.**
- **شُرب الماء قبل الرياضة وبعدها للمحافظة على رطوبة الجسم.**
- **في الشتاء، يجب الحرص على ارتداء ملابس ثقيلة بعد التدريبات، تجنبًا للإصابة بالبرد.**

ممارسة الرياضة باعتدال

على العكس من المنطق السائد، ليس المطلوب منك أن تُفرط في ممارسة الرياضة أو تبالغ في المشاركة في البطولات، لأن الإفراط يؤثر سلبًا في أداء جهاز المناعة، ويبطئ من إنتاج الخلايا اللمفاوية، بسبب ما ينتج عنه من إرهاق يصيب الجسم إثر الرياضة المكثفة.

المعدل المطلوب

من ثلاثة إلى خمسة تدريبات رياضية أسبوعيًّا، وتتراوح مدة التدريب بين 30 و60 دقيقة يمارَس فيها التدريب باعتدال. ويُعَد أيضًا المشي بالخطوة السريعة كافيًا ولا داعي للهرولة، ويمكن اختيار رياضة مفضَّلة لضمان المداومة عليها.

التوتر: عدو يجب تجنبه

مَن منا لا يتعرض للتوتر؟ مع ذلك يجب أن نتعلم كيفية التعامل معه حتى نحافظ على قوانا.

التوتر يُضعِف قوانا

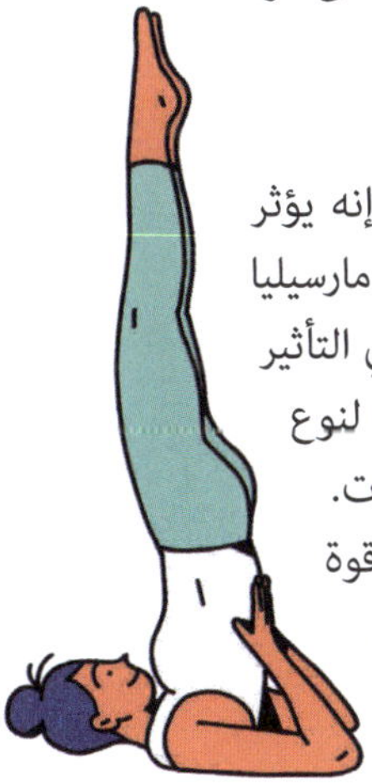

ربطت عدة أبحاث بين الإجهاد النفسي وانخفاض كفاءة الدفاعات المناعية (حيث إنه يؤثر في استجابة المناعتين الفطرية والتكيفية). وقد نجح فريق من الباحثين بمدينة مارسيليا الفرنسية في الآونة الأخيرة في إظهار أن مستقبلات التوتر - عند الفئران - تسببت في التأثير الشديد على استجابة بعض الخلايا المناعية (خلايا الدفاع الطبيعية)، مما أعاق إنتاجها لنوع من السيتوكين (وهو النوع المسؤول عن تفعيل المناعة) الذي يقضي على الفيروسات.
وأثبت باحثون أمريكيون من خلال تجارب أجروها على أكثر من مائة طالب أن قوة مناعتهم كانت تختلف وفقًا لنسبة تفاؤلهم! أو بمعنى أوضح: قدرتهم على التعامل الجيد مع الشعور بالتوتر.

التوتر يقلل من جودة حياتنا

يؤثر التوتر المزمن في نمط الحياة، مما يُحدث تداعيات على دفاعات الجسم، مثل: اضطراب النوم، وزيادة الإجهاد العصبي، وتعكير المزاج... إنها دائرة مفرغة يجب أن نتعلم كيفية الخروج منها.

كيفية مواجهة التوتر

لا توجد طريقة واحدة فحسب للتعامل مع التوتر، بل هناك عدة طرق، مثل: اتباع نظام غذائي صحيح، وممارسة الرياضة (فوائدها مثبتة)، واتباع أنظمة متخصصة (السوفرولوجيا، واليوجا، والتأمل، وما إلى ذلك). لكن عندما لا تجد جدوى من كل ذلك، فعليك أن تستشير طبيبك أولًا، ثم تتوجه إلى متخصص يستطيع أن يساعدك في التعرف على المسببات، حتى تتمكن من السيطرة على الموقف بشكل أفضل!

شحن الطاقة بلا مخاوف

قد نمر بفترات إجهاد أو فترات نقاهة أو فترات عصيبة، عندئذ نحتاج إلى مَن يمد يد العون.

أشعة الشمس وفيتامين «د»

تساعد أشعة الشمس الجسم على تكوين فيتامين «د»، وغالبًا ما يتعرض الجسم لنقصان هذا الفيتامين في فصل الشتاء، مما يؤدي إلى زيادة نسبة التعرض للأمراض (يتعرض فرنسي واحد من كل اثنين لنقص فيتامين «د» في الفترة من شهر أكتوبر إلى شهر أبريل). وقد أثبت بعض الباحثين مؤخرًا أن الضوء يُنشط الخلايا اللمفاوية التائية، ويزيد من قدرتها على التنقل داخل الجسم. وليس المقصود أن تستلقي على شاطئ البحر حتى تحترق، لكن يجب أن تتعرض باستمرار للضوء وتستفيد من أي شعاع للشمس، خصوصًا في فصلي الخريف والشتاء.
الحد الأدنى للجرعة الموصى بها: ثلاث مرات أسبوعيًّا، لمدة تتراوح بين 20 و30 دقيقة، من خلال تعرُّض الوجه واليدين والساعدين لضوء الشمس. على سبيل المثال، تجوَّل في الشارع، أو احتسِ فنجان قهوتك وقت الإفطار في شرفة منزلك.

ماذا عن النباتات؟

لا يوجد نبات أيًّا كان نوعه أو شكله يستطيع أن يعدنا بعدم الإصابة بالأمراض طوال فترة الشتاء، لكن كثيرًا من النباتات خضع للأبحاث، وتبين أنه حقق نتائج مثيرة للاهتمام:

خبر سار

ناماستي!
(تحية هندية)

إذا كانت أنواع اليوجا تحد من الشعور بالتوتر والقلق (وهذا مثبت)، فإنها أيضًا تحسّن من كفاءة جهاز المناعة. وقد أثبتت دراسة أن المتأملين هم أقل الأفراد عُرضة لأمراض الجهاز التنفسي الحادة والعادية، وقليلًا ما يصابون بالأمراض بصفة عامة (بالمقارنة مع الأشخاص الذين لا يمارسون التأمل). وأثبتت دراسة أخرى حديثة في النرويج أن اليوجا تحفِّز المناعة وتساعد نظام الجسم على الدفاع عن نفسه ضد المعتدين، وتساعده على التعافي بشكل أفضل وأسرع من خلال تغيير تفاعل جينات الخلايا المناعية.

- بعضها أثبت فاعليته، وبالفعل أُدخل في مكونات بعض العلاجات (بلا روشتة طبية)، مثل: نبات الإشنسا القنفذي القرمزي، ونبات البلسان القاتم، ونبات الأندروجرافيس (انظر صفحة 45).
- بعضها يمكنك تناوله، مثل شاي الأعشاب الساخن، في حالة الإصابة بنزلة البرد أو الزكام أو الشعور بالحكة في الحلق (انظر صفحتي 34 و35).
- بعضها أتى من آخر أطراف العالم، وجرى التحقق من فاعليته بعد مرور أعوام على استخدامه، وأثبتت أيضًا بعض الدراسات فاعليته، مثل: الفطر الصيني، ولاباشو، وجودوتشي (انظر صفحة 55).
- الزيوت العطرية، التي يجب استخدامها باعتدال (مع استشارة المختص في حالة التشكك أو الاستعلام)، منها ما يساعد على تحفيز المناعة، مثل: الرافنتسارا، والكافور المشع، وزعتر ثوجانول (انظر صفحتي 38 و39)، ومنها أيضًا ما يساعد على تخفيف الالتهابات المعوية، مثل: (الزنجبيل، وقرفة سيلان، والنعناع البري، وورق الغار النبيل، وعشبة الشاي، والريحان الاستوائي) (انظر صفحة 47)، وأحيانًا يُستخدم بعضها للاستنشاق، مثل: الصنوبر البري، والنياولي، والسرو (انظر صفحة 49).
- منتجات خلية النحل: ليست ضارة، وتشيع البهجة في الحياة اليومية، وتساعد على الشعور بالنشاط (انظر صفحة 33).
- بعض المكملات الغذائية: يُفضَّل تناول مكملات الفيتامينات أو المعادن، مثل: الأسيرولا، والسبيرولينا، والجنسنج (انظر صفحة 51).

تخلص من الأفكار المغلوطة!

العلاجات الطبيعية ليست بالضرورة آمنة دائمًا

إذا كنت تعاني مرضًا مزمنًا، فعليك بالاستشارة قبل اللجوء إلى التطبيب الذاتي. وعلى أي حال، يجب أن تكون خطواتك حذرة ومعتدلة، ولا تتردد في التحدث إلى طبيبك أو إلى الصيدلي.

الوصفة الصحية

الآن بعد أن عرفت كل شيء عن جهاز المناعة وجنوده المقاتلين، إليك القواعد الذهبية الأربع التي ستعينك على تحسين أداء نظامك الدفاعي بصورة يومية!

1. **كُن على اطلاع دائمًا، لتتجنب المعلومات المزيفة:** سيجنبك الفَهم الصحيح لأساسيات نظام دفاعك تصديق أو فعل أو نشر أي شيء تسمعه (مثل شرب المطهرات)، كما سيجنبك نشرَ الجراثيم من حولك عن جهل، أو تناول المضادات الحيوية على الرغم من كونك مصابًا بالتهاب فيروسي. كما أن «معرفتك بأعدائك» ستساعدك كثيرًا على مقاومتهم، إضافةً إلى الوقوف على المسببات وقياس المخاطر والتصرف السليم من أجل حماية أفضل.

2. **تبنَّ ردود أفعال جديدة صحيحة:** يتطلب تجنُّب البكتيريا والفيروسات قواعد جديدة للنظافة (والتدبير المنزلي!)، وبعض الإجراءات الاحترازية التي يجب تكرارها حتى تتحول إلى عادات صحية سليمة. وكما رأيت سابقًا، فاحترام قواعد النظافة الصارمة يقلل من انتشار الجراثيم.

3. **اعتنِ بالأكثر ضعفًا:** عندما تعيش بصحبة الأطفال الصغار الذين لا يزال جهاز المناعة لديهم في طور النمو، وكبار السن الذين تنخفض دفاعاتهم الطبيعية، والأشخاص الذين يعانون أمراضًا مزمنة، يجب أن تكون منتبهًا للغاية حتى تحميهم من المخاطر.

4. **لا تدخر جهدًا في الحفاظ على مناعتك:** تناول مزيدًا من الفيتامينات (خصوصًا في فترة الشتاء أو الأوبئة). واعلم أن الغذاء الجيد يساعد على تكوين ميكروبيوتا «منضبطة مثل الساعة»، ويساعدك على البقاء في حالة جيدة ومقاوِمة للميكروبات! واسعَ إلى الحصول على نظام حياة صحي (نوم كافٍ وجيد، وممارسة النشاط الرياضي للتخفيف من حدة التوتر وتحسين انبساط العضلات)، حتى تعود إليك لياقتك وتدوم معك طويلًا، وتحظى بحياة جيدة وحيوية.

الجزء الثاني

تدريبات الدكتور جوود!

سنقدم إليك هنا برنامجًا للعناية بجهازك المناعي! طبق غني بالعناصر الغذائية المفيدة، وممارسة الحد الأدنى من النشاط، والحصول على قسط جيد من النوم، وتنفيذ بعض الحِيل البسيطة والضرورية للتخلص من الضغط العصبي... وعليك أن تتذكر بعض الإجراءات الوقائية، أو مبدأ «التباعد» في حالة الوباء أو عند وجود مرضى في المنزل. باختصار: سنضع لك خطة تشبه «خطة الطوارئ العامة» على مدى أسبوعين فقط، بها تحافظ على سلامتك خلال فصل الشتاء.

الفصل الأول

الأسبوع الأول: أولى خطوات «تعزيز المناعة»

اليوم الأول

قائمة الطعام المحفزة للمناعة

الإفطار
الشاي الأخضر، ورغيف خبز بحبة القمح الكاملة والعجين المخمر، وعسل، و**خليط سموثي الغني بالفواكه والفيتامينات المكملة**.

الغداء
دجاج حبشي، مع **كرنب أخضر**، وزبادي طبيعي، وعنقود عنب.

العشاء
عجة البيض بالفلفل الأحمر، وسلطة الخس الفرنسي (ماش)، وجبن مصنع من الحليب الخام، وكيوي.

انشط قليلًا!

في هذا البرنامج، يجب أن تمشي ما لا يقل عن نصف ساعة في الهواء الطلق (ليس المقصود المشي في ممرات المراكز التجارية)، ولا بد أن يكون مشيك بخطوات ثابتة. يمكنك أن تقسم المدة إلى جزأين: فتمشي 15 دقيقة مرتين وقتما تشاء خلال اليوم، وهذا هو الحد الأدنى للياقة الجيدة، ويفضّل المشي تحت الشمس أو على الأقل في ضوئها الذي يساعد على تكوين فيتامين «د» وتحسين الساعة البيولوجية.

وصفة اليوم
خليط سموثي الغني بالفواكه والفيتامينات المكملة
تكفي فردًا واحدًا

ضع في الخلاط نصف ثمرة موز + برتقالة مقشرة + حفنة من العنب المجفف المجمد + شريحة كبيرة من الزنجبيل الطازج المقشر. واخلط هذا المزيج جيدًا لمدة طويلة، ثم تناوله (يمكنك وضع ما يتبقى من هذا المزيج في الثلاجة لتتناوله في وقت لاحق!).

✔ غني بالطاقة وفيتامين «ج»!

النوم المنتظم

هل تتثاءب الآن وتشعر بحكة في عينيك وقلة تركيز؟ النوم سلطان يجب أن تطيعه وتسرع فورًا إلى سريرك، فالحصول على قسط كافٍ من النوم ضروري لاستعادة الحيوية وتقوية المناعة!

أربعة «معززات» مستخرجة من الخلية

الغذاء الصحي

أفضل مضاد للفيروسات!

الكرنب الأخضر غني جدًا بفيتامينَي «أ» و«ج» ومادة الكيرسيتين الحافظة للأوعية، ويحتوي أيضًا على الفلافونيدات القوية التي تكافح الفيروسات وتحفز جهاز المناعة. لكن تجنب طهيه في الماء! (فيتامين «ج» قابل للذوبان)، ويمكنك طهيه على نار هادئة في كمية قليلة جدًا من الماء حتى تستفيد من حرارة البخار فقط.

- **العسل:** يعمل على جلي الحلق، خصوصًا عندما يكون مستخلصًا من نبات الزعتر أو شجرة التنوب أو الكافور، حيث إنها تحفِّز المناعة الطبيعية لمنطقة الأنف والأذن والحنجرة، بما أنها تحتوي على مواد تتميز بفاعلية المضادات الحيوية. لكن يجب أن تحصل على العسل الجيد من المنحل مباشرة بلا ماركة مسجلة، ولا تعرضه للتسخين حتى لا يفقد خصائصه.
- **حبوب اللقاح:** مزيج دقيق من العنصر المكون لسداة الزهرة مع لعاب النحل الذي يجمع هذا العنصر ثم يحوله إلى كويرات مدمجة. وحبوب اللقاح غنية بالخميرة اللاكتونية التي تفيد بيئة الأمعاء البكتيرية. ويجب الحصول عليها طازجة (يمكنك ترطيبها قبل تناولها)، والعلاج بها لمدة شهر (ملعقة كبيرة أو ملعقتان يوميًا).
- **العُكبَر:** يستخدمه النحل لتعقيم مسكنه وترميمه، ويتميز بخصائص قوية مضادة للميكروبات والفيروسات والفطريات، ويحد من انخفاض كرات الدم البيضاء، ويحفز المناعة (لذا، عليك بالعُكبر). ستجده على هيئة أمبولات أو مستخلصات أو كبسولات، فتناوله لمدة شهر قبل حلول فصل الشتاء!
- **غذاء ملكات النحل:** يقال عنه «حليب النحل» (يفرزه النحل من أجل تغذية الملكة)، وهو منشط لجهاز المناعة، وباعث للحيوية، وغني بمضادات الأكسدة والمغذيات الدقيقة. تناول منه جرامًا يوميًا لمدة شهر، ويمكنك العودة لتناوله.

الإجراء الذي يقي (النمط الثاني)

تعليم الأطفال غسل اليدين جيدًا: يجب أن تتعلم الأسرة كلها طريقة غسل اليدين الصحيحة: الكف مقابل الكف، ثم ظاهر الكفين، ثم بين الأصابع، ثم ظاهر الأصابع، ثم الإبهام، ثم أطراف الأصابع والأظافر. الوقت المطلوب: 30 ثانية على الأقل. في الحقيقة هذه العادة مهمة جدًا، خصوصًا بعد العودة من المدرسة أو قبل تناول الوجبات أو بعد الخروج من دورات المياه، فيجب فعلها قدر الإمكان.

الإجراء الذي يُنقذ (النمط الثالث)

تهوية المنزل تهوية جيدة: يجب فعل ذلك حتى لو كان الجو باردًا أو ممطرًا، خصوصًا غرفة المريض الذي ليس عليه سوى أن يبقى تحت لحافه في أثناء تهوية غرفته! ويجب تهوية الغرفة لمدة عشر دقائق مرتين يوميًا (صباحًا ومساءً) إن كان كل شيء على ما يرام، أما في حالة الإصابة بأي مرض فيجب تهوية غرفة المريض أربع أو خمس مرات يوميًا، مما يسمح بتغيير الهواء وتخفيض فاعلية الميكروبات. ولأن التهوية ضرورية جدًا فلا بد أن تصير عادة.

اليوم الثاني

قائمة الطعام المحفزة للمناعة

الإفطار

الشاي الأخضر، وخبز الحبوب مع الزبدة الطازجة، والزبادي مع الكشمش الأسود المنقوع، واللوز مع ملعقة كبيرة من **جنين القمح**، وثمرتان من اليوسفي (كليمنتين).

الغداء

خل التفاح، ومكرونة البيستو مع الكوسة المطهوة على البخار (سوتيه)، مع زيت الزيتون، ونصف ثمرة مانجو.

العشاء

حساء **اليقطين والجزر مع البقدونس**، وشريحة سمك السلمون مع السبانخ (المحفوظة المجمدة)، والزبادي الطبيعي، والتفاح المسلوق.

> **وصفة اليوم**
> ### حساء اليقطين والجزر مع البقدونس
> تكفي 4 أفراد
>
> قطّع اليقطين المقشر إلى مكعبات (500 جرام)، واكشط 3 جزرات واغسلها ثم قطعها على شكل حلقات مستديرة، ثم ضع في حلة الضغط ملعقتين كبيرتين من الزيت، وأضف إليهما بصلة مبشورة وفصي ثوم مقشر ومفروم، وأضف الخضراوات، ثم أضف الملح والفلفل، ثم الماء حتى يغطي الخليط، ودعه يُطهى لمدة 20 دقيقة، وبعد ذلك اطحن هذا الخليط وقدِّمه ساخنًا بعد أن تزينه ببعض البقدونس الطازج المفروم.
>
> ✓ جرعة كبيرة من البروفيتامين المكون من فيتامين «أ» (اليقطين والجزر)، وفيتامين «ج» (البقدونس)، ومضادات العدوى (الثوم والبصل).

استرخِ قليلًا!

مفتاح صحة القلب هو الاسترخاء، وقد أثبت فوائده العديدة، فهو يحميك من الإصابة بالأمراض المزمنة. عليك بالشهيق لمدة 5 ثوانٍ والزفير لمدة 5 ثوانٍ، واستمر على هذه الوتيرة لمدة تتراوح بين 3 دقائق (على الأقل) و5 دقائق (المدة المُثلى). لقد أثبتت هذه الممارسة فاعلية ممتازة في حالة ذروة الشعور بالتوتر، ويمكنك فعلها وأنت في المواصلات أو قبل أن تخلد إلى النوم. والعدد المثالي: 3 مرات يوميًّا.

النوم المنتظم

للحصول على نوم جيد (وتجنُّب جفاف أغشية الأنف المخاطية والحنجرة)، أطفئ المدفأة الكهربائية في غرفة نومك أو قلل درجتها إلى الحد الأدنى، ووفقًا للمختصين فإن الدرجة من 16 إلى 18 مئوية هي المناسبة! استمتع بلحافك الساخن وتكوم بداخله، ويمكنك ارتداء جوارب إذا لزم الأمر، لأن الشعور ببرد القدمين سيحرمك من النوم العميق، ولا وقت الآن للمظهر الجذاب!

ثلاثة مشروبات ساخنة بالأعشاب لفصل الشتاء

تحافظ على رطوبة الجسم، وتُشعرك بالدفء، فضلًا عن أنها تساعد على مقاومة أمراض الشتاء العابرة. لكن عليك أن تتناولها مرتين يوميًا على الأقل فور الشعور ببدايات الأعراض. ويمكنك استشارة المعالج بالأعشاب ليعد لك خلطتك المناسبة.

- **نزلة البرد:** اقطع ليمونة عضوية مغسولة إلى نصفين، وضعها في قِدر وأضف إليها ملعقة صغيرة من مسحوق القرفة و25 سنتيلترًا من الماء، ودع الخليط يغلي لمدة 3 دقائق، اضغط على الليمونة بشوكة لإخراج اللب ودعه منقوعًا لمدة 3 دقائق، ثم اشربه ساخنًا مع ملعقة صغيرة من العسل.
- **حكة الحلق:** ضع في وعاء 20 جرامًا من جذور الخطمي + 30 جرامًا من عيدان القرفة + 40 جرامًا من زهرة نبات الخبيزة + 30 جرامًا من أوراق الزعتر البري + 30 جرامًا من زهرة البلسان. اغلِ 25 ملليلترًا من الماء، ثم أضف إليه ملعقتين صغيرتين من هذا الخليط ودعه يغلي لمدة 3 دقائق، ثم صفِّه واشربه.
- **بداية نزلة البرد:** ضع 30 جرامًا من جذور إشنسا في وعاء + 15 جرامًا من أوراق الزعتر + 20 جرامًا من أوراق الزيزفون + 10 جرامات من جذور الزنجبيل + 5 جرامات من براعم القرنفل. اغلِ 25 ملليلترًا من الماء، ثم أضف إليه ملعقتين صغيرتين من هذا الخليط، ثم غطِّ الوعاء ودع الخليط منقوعًا لمدة 3 دقائق، ثم صفِّه قبل الشرب.

الإجراء الذي يقي (النمط الثاني)

تنظيف الأظافر بالفرشاة: غالبًا ما ننسى تنظيف الأظافر بالفرشاة، خصوصًا عندما تكون مغطاة بطلاء الأظافر وملصقًا بها أظافر اصطناعية تجعلنا لا نرى اتساخ هذه الأظافر، لكن كلما طالت هذه الأظافر زاد تراكم البكتيريا المختبئة تحتها وتكاثرت! فما الحل؟ ضع فرشاة ناعمة (أو فرشاة أسنان قديمة) بجوار الصابونة حتى لا تنسى، واستخدمها على الأقل مرتين يوميًّا لتنظيف أظافرك.

الإجراء الذي يُنقذ (النمط الثالث)

مطاردة المناديل! غالبًا ما تنتشر المناديل الورقية المتسخة في جميع أنحاء غرفة المريض: على الأرض، أو فوق الطاولة التي بجوار السرير... اجمعها كلها وضعها في كيس قمامة وأغلقه جيدًا وتخلص منه، ثم اغسل يديك بعناية. كرر هذا الإجراء في اليوم التالي: القاعدة هي ألا تبقى هذه المناديل ملقاة في كل مكان!

الغذاء الصحي
جنين القمح، يا له من ذكي!

يُعَد جنين القمح صديقًا للجهاز العصبي لما يحتويه من مجموعة فيتامينات «ب»، فضلًا عن أنه يزود الجسم بالزنك الذي غالبًا ما يكون ناقصًا على الرغم من أهميته في تكوين الخلايا الدفاعية (كرات الدم البيضاء والأجسام المضادة)، كما أنه يحتوي على المغنيسيوم المضاد للشعور بالإرهاق. لذا يمكن تناوله بوضعه على جميع منتجات الألبان أو الكومبوت أو السلطة، واحفظه في مكان بارد حتى لا يفسد.

اليوم الثالث

قائمة الطعام المحفزة للمناعة

الإفطار

الشاي الأخضر، وشطيرة خبز كامل بالعجين المخمر مطلية بالزبدة، والزبادي الطبيعي مع قِطع المانجو مع إضافة ملعقة صغيرة من جنين القمح، ونصف ثمرة جريب فـروت ذي اللون الوردي.

الغداء

سلطة الشمندر مع الهندباء والجوز، ونقانق داكنة مع التفاح المطبوخ، وكومبوت **البصل**، وكيوي.

العشاء

كاري العدس المرجاني بالسبانخ، وأرز بسمتي، وثمرة كمثرى مطهوة مع الليمون والعسل.

وصفة اليوم

كاري العدس المرجاني بالسبانخ

تكفي 4 أفراد

ضع ملعقتين كبيرتين من زيت جوز الهند أو عبَّاد الشمس في حلة الطهي، وأضف إليهما بصلة مبشورة، وقلِّبها حتى يصبح لونها أصفر، ثم أضف ملعقتين صغيرتين مملوءتين بمسحوق الكاري، ثم قلِّب مع مراعاة ألا تحترق المكونات. أضف 250 جرامًا من العدس الأصفر المغسول، وعلبة طماطم مهروسة، وحبتي جـزر مقطعتين على شكل حلقات. غطِّ المكونات بالماء ودعها على النار لمدة 20 دقيقة، ثم أضف 25 سنتيلترًا من حليب جوز الهند (علبة كرتونية صغيرة)، و3 حفنات من السبانخ (الطازجة أو المثلجة)، ودع المكونات تُطهى على نار هادئة لمدة 10 دقائق، ثم قدِّمها ساخنة.

✔ وجبة خفيفة غنية بالألياف ومجموعة فيتامينات «ب» المفيدة للتوازن العصبي، وتحتوي كذلك على الزنك وفيتامين «ج».

انشط قليلًا!

لتصبح في كامل لياقتك في هذا الصباح: عقب استيقاظك في ساعة مبكرة، افتح النوافذ على مصراعيها (لتهوية المكان)، ومارس بعض تمارين التنفس أمام النافذة؛ خُذ شهيقًا عميقًا وأنت تفتح ذراعيك على أقصى اتساعهما، ثم أغلقهما وأنت تُخرج الزفير بقوة. كرر التمرين 20 مرة بالتناوب مع دقيقة واحدة من القفز أو تحريك قدميك وكأنك تجري في محلك (تكرر 5 مرات). هكذا يستيقظ جسدك وتتنبه ذاكرتك.

استرخِ قليلًا!

تشعر ببعض التوتر؟ عليك بالتأمل، وهو «مضاد للضغط العصبي»، وفوائده الصحية والمناعية مثبتة علميًّا. يوجد كثير من التطبيقات الخاصة بتمارين التأمل (مايند، وبوتي بامبو، وكالم، وهيد سكيب)، ويمكنك ممارسة هذه التمارين بصورة جماعية مع كل أفراد الأسرة، فهي تفيد في تهدئة الصغار، ويمكنك اختيار المدة 5 أو 10 أو 15 دقيقة، وستشعر عقب الانتهاء بهدوء أكبر وسكينة. بداية موفقة.

ثلاثة أعداء عليك الفرار منهم

يعتمد جهاز المناعة بصورة كبيرة على نظام حياتك، وللعناية به بشكل أفضل عليك تجنُّب بعض الأعداء اللدودين...

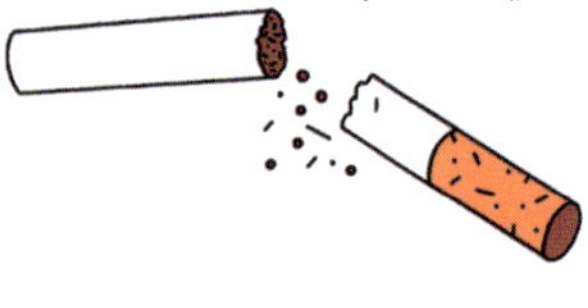

- **التدخين**: يُضعف المناعتين الفطرية والتكيفية، ويقلل من كفاءة الجهاز

التنفسي في الدفاع عن نفسه ضد الفيروسات والبكتيريا. والمدخنون أكثر عُرضة للإصابة بأمراض الشتاء (إمكانية الإصابة بالإنفلونزا مضاعفة بمقدار أربع مرات)، وخطورة التعرض لمضاعفات الحالة قائمة. أما الأطفال الذين يعانون التدخين السلبي بسبب آبائهم فهم يتعرضون أيضًا للأمراض الموسمية والتهابات الأذن، وهذا من بين الأسباب التي تدعو إلى الإقلاع عن التدخين (وطلب المساعدة في ذلك).

> ### الغذاء الصحي
> ## البصل بطلٌ يقاوم الأمراض!
> لا يتميز البصل بالبروبيوتيكات الطبيعية التي تساند البكتيريا المعوية النافعة فحسب، بل إنه يُعَد من أفضل مضادات الالتهابات والبكتيريا، وقد اشتهر بأنه يهدئ السعال وآلام الحلق. لكن المفاجأة التي تجعله أكثر تميزًا هي احتواؤه على فيتامين «ج». فاستمتع بتناوله يوميًّا نيئًا أو مطبوخًا كما تشاء وبلا قيود.

- **التلوث:** اكتشفنا في ظل تفشي وباء كوفيد 19 أن المناطق الأكثر تلوثًا هي الأكثر إصابة بهذا الفيروس، حيث تعمل الجزيئات الدقيقة ناقلات للفيروس. كما أن التلوث البيئي يتسبب بصفة عامة في الإضرار بالجهاز التنفسي، حيث إن إصابته بالالتهاب تؤدي إلى إضعافه (لذلك يجب تجنُّب الإرهاق البدني في حالة ارتفاع نسبة التلوث)، كما يؤدي التلوث إلى زيادة التهابات الأنف والنزلات الشعبية. أما في المنزل فيجب المحافظة على التهوية المستمرة حتى لا يتلوث الجو وترتفع الإصابة بالأمراض.
- **المُسكِرات:** أظهر علماء أمريكيون أن تناول الخمور يؤدي إلى ضعف كفاءة كرات الدم البيضاء والخلايا البلعمية في مقاومة الفيروسات والبكتيريا. إضافةً إلى أن لها أثرًا سلبيًّا على جودة النوم.

الإجراء الذي يقي (النمط الثاني)

تنظيف الهاتف الخلوي: يتجول الهاتف معك في كل مكان، وتلعب به، وقد تتركه في مكان ما أو تُعيره، والنتيجة أنه صار من أكثر الأشياء تلوثًا التي تُستخدم يوميًّا، لأنه أصبح بيئة خصبة للفيروسات والبكتيريا. والتصرف المثالي أن تعمل على تنظيف هاتفك مرَّة واحدة يوميًّا بمنديل مبلل بمحلول مائي كحولي.

الإجراء الذي يُنقذ (النمط الثالث)

تجنُّب النوم بجوار المريض! أحيانًا ما يسعى الطفل المريض إلى النوم بجوار والديه، لكنها ليست فكرة جيدة، لأنه سينقل الميكروبات إلى الفراش! يجب أن يفهم الطفل أن بقاءه في فراشه ليس عقابًا له، بل حماية لوالديه، وأنه يمكنه أن ينضم إليهما عند النوم بعد شفائه!

اليوم الرابع

قائمة الطعام المحفزة للمناعة

الإفطار

الشاي الأخضر، وعصير حمضيات (ثمرة برتقال + ليمونة + ثمرتان من اليوسفي (كليمنتين))، ومافن إنجليزي بالزبدة مع قطعة جبنة مصنعة من اللبن الخام + عشر حبات جوز.

الغداء

شريحة سمك القد مشوية بالليمون، وأرز بالزعفران و**الزنجبيل**، وزبادي طبيعي، وثمرة تفاح.

العشاء

حساء اليقطين، وطاجن القرنبيط مع اللحم، وسلطة الخس المجعد والثوم، و**فطيرة كومبوت التفاح والكشمش الأسود**.

انشط قليلًا!

تشعر بأنك لا ترغب في الخروج متجولًا على قدميك، وتُفضِّل البقاء في المنزل؟ حاول أن تتحرك لمدة 30 دقيقة متتالية: مارس تمارين الإطالة، أو الجري في المكان، أو استعمل دراجة تمارين المنزل إن كنت تمتلك واحدة، أو اصعد واهبط على الدرج، ويمكنك أيضًا أن تلعب مع أبنائك.

النوم المنتظم

توجَّه إلى فراشك في ساعة مبكرة، فقد أثبت المختصون أن الذهاب إلى الفراش مبكرًا على الأقل مرَّة واحدة في الأسبوع يساعد في الحصول على راحة عظيمة (نحن جميعًا في حاجة إليها)، كما أنه يمنحك الحيوية اللازمة لاستكمال بقية أيام الأسبوع. في حالة شعورك بالإرهاق الشديد، لا تتردد في فعل ذلك ليلتين على التوالي: اذهب إلى فراشك قبل موعد نومك المعتاد بساعة أو ساعتين، وستلاحظ تغيُّر كل شيء!

ثلاثة زيوت عطرية مناعية

إنها زيـوت طبيعية (عضوية مثالية) مستخلصة من النباتات، تساعد على مقاومة الميكروبات. تحقَّق من الاسم الملصق على

وصفة اليوم

فطيرة كومبوت التفاح والكشمش الأسود

تكفي 4 أفراد

ضع 4 تفاحات مقشرة ومقطعة في إناء للطهي + 300 جرام من الكشمش الأسود المجمد، وضع على الخليط ملعقة صغيرة من مسحوق القرفة، واترك المكونات تنضج على نار هادئة حتى تتحول الفاكهة إلى كومبوت. أضف ملعقتين كبيرتين من العسل، ثم قسِّم الكمية على أربعة أوعية تقديم، ثم فتِّت جيدًا قطعتين من البسكويت البريطاني على السطح، وقدِّمها دافئة.

✔ عليك بهذه الوجبة الغنية بفيتامين «ج» والألياف عند الشعور بالنهم، وستطلب مزيدًا منها.

العبوة حتى لا تخطئ في الاستخدام، وتناول الجرعات الصحيحة منها. إذا كنت تشك فاستشر الصيدلي الخاص بك، ولا تلجأ إلى التداوي بنفسك وبطريقة عشوائية[1]!

- **زيت الرافنتسارا، والقرفة الكافورية:** مشتق من شجرة الكافور في مدغشقر، وهو زيت آمن ويُوصى به (منذ 3 سنوات)، لأنه يحفز وسائل الدفاع الطبيعية لدى الإنسان. استخدمه صباحًا ومساءً: ضع نقطتين من هذا الزيت النقي على القفص الصدري ودلِّك تدليكًا خفيفًا، وضع أيضًا على المعصمين وباطنَي القدمين. في حالات الإعياء الشديد، يمكنك تكرار ذلك أربع مرات يوميًّا.
- **زيت الكافور المشع:** يفيد هذا الزيت العطري في مقاومة التهابات الأنف والأذن والحنجرة، ويطهر الشعب الهوائية. في حالة الشعور بالبرد، ضع منه نقطة واحدة على المعصمين والقفص الصدري وباطنَي القدمين، ويمكنك أن تضيف إليه زيت الرافنتسارا. وتستطيع أيضًا في حالة الأوبئة أن تضع من هذا الزيت نقطة أو نقطتين على المنديل من أجل التنفس.

- **زيت زعتر ثوجانول:** زيت عطري منشط ومفيد في أوقات انتشار الأمراض، ويساعد الجسم على الشعور بالدفء. ضع نقطة واحدة منه على ملعقة صغيرة من العسل في كوب من الشاي أو الليمون الدافئ. تشعر بأن قدميك مجمدتان؟ ضع من هذا الزيت نقطتين على قليل من الكريم المرطب ودلِّك قدميك.

الإجراء الذي يقي (النمط الثاني)

تغطية الرأس! يعمد الجسم عند الشعور بالبرد إلى حماية أعضائه الحيوية، لكن ذلك يكون على حساب الأطراف (اليدين والقدمين) التي لا تصل إليها هذه الحماية. لذا فعليك أن تغطي رأسك، فإنه أكثر الأماكن التي تسرب الحرارة: بما أن الجسم، على الرغم من تغطيته، يفقد 40% من حرارته عندما يكون الرأس مكشوفًا، فإنه يُفضَّل ارتداء غطاء للرأس، خصوصًا في حالة الصلع، وذلك للاحتفاظ بطاقة الجسم الحرارية.

الإجراء الذي يُنقذ (النمط الثالث)

تطهير المرحاض! عندما تعلم أن فيروس الالتهاب المعوي يظل نشطًا لمدة أسبوع تقريبًا، فهذا يدفعك إلى تنظيف المرحاض عدة مرات بمادة مطهرة! وهذه أفضل طريقة. واترك أيضًا بجوار المرحاض رشاشًا للمادة المطهرة حتى يسهل عليك تطهيره باستمرار عقب استخدام المريض له، أو للحفاظ على طهارة البيت. افعل ذلك مرتين في حالة الوباء، وطهِّر الحوض والصنبور أيضًا.

الغذاء الصحي

الزنجبيل

جذور لا غنى عنها

يشتهر الزنجبيل في قارة آسيا بخصائصه المضادة للإرهاق، حيث يعطي دفعة كأنها ضربة سوط، مما يُشعر الجسم بالدفء، كما أنه مضاد للالتهابات ومفيد للبطن ويزيل احتقان الحلق (اخلطه بالمشروبات الساخنة المحلاة). ويُتناول الزنجبيل طازجًا على الرغم من أن مذاقه لاذع قليلًا. وللاحتفاظ به في البيت، قشِّر الجذور وابشرها، وخزِّنها في كيس للحفظ داخل الفريزر.

1 لا يُنصح باستخدام الزيوت العطرية للحامل أو المرضع أو الأطفال الأقل من سبع سنوات.

اليوم الخامس

قائمة الطعام المحفزة للمناعة

الإفطار

الشاي الأخضر، والزبادي الطبيعي بالعسل، والموسلي، وحبات الرمان، وشرائح الموز المستديرة، وملعقة كبيرة من جنين القمح.

الغداء

نقانق بالعدس البني، وسلطة الخس المجعد بالثوم، ويوسفي (كليمنتين).

العشاء

حساء الكوسة مع الريحان، وشطيرة لحم ديك الرومي، والزيتون المهروس والمشوي مع جبن الموتزاريلا في الفرن، وسلطة الخس المجعد بالثوم، ونصف ثمرة مانجو.

وصفة اليوم

حساء الكوسة مع الريحان

تكفي 4 أفراد

ضع في حلة ضغط البخار بصلة مبشورة، وقلِّبها على النار في ملعقتين كبيرتين من زيت الزيتون، ثم قطع 4 كوسات بلا تقشير إلى شرائح مستديرة وقلِّبها قليلًا مع البصل، ثم أضف إليها الماء (حتى تغطَّى الكوسة)، ثم أضف شوربة الدجاج (أو الخضراوات)، ودع الخليط يُطهى لمدة 20 دقيقة. اطحن هذه المكونات قبل تقديمها وأضف إليها ملعقة كبيرة من كريمة الحليب والريحان الطازج أو المجمد.

✔ يحتوي على ألياف تضمد البطن وفيتامين «ج» وبروفيتامين «أ» بكمية وفيرة.

استرخِ قليلًا!

حتى تهدأ وتحسِّن دورتك الدموية في منطقة البطن، عليك بممارسة تمرين تنفُّس اليوجا التالي: في وضع الوقوف اجعل ساقيك متباعدتين قليلًا ومرتخيتين، واشفط بطنك ثم انحنِ إلى الأمام وضع كفيك مغلقتين على عضلات البطن، ثم افتح فمك بشكل بيضوي وأخرج الهواء زفيرًا على ثلاث دفعات متتالية في أثناء الضغط بكفيك على بطنك إلى الداخل، ثم ارفع قامتك وأنت تأخذ شهيقًا عميقًا لمدة خمس ثوانٍ. كرر التمرين عشر مرات.

انشط قليلًا!

في حالة العودة إلى حمّام السباحة، ضاعف أطوال السباحة وإن كانت سرعتك بطيئة، لتنشيط القلب وفك شد العضلات وبسطها (الماء يدلِّك بلطف)، وحرِّك قدميك كأنك تقود الدراجة (لتحسين الدورة الدموية)، أو مارس تمارين الرياضة المائية للتنشيط: تمرين لمدة 45 دقيقة إلى ساعة أسبوعيًّا سيفيدك جدًّا ويقلل من شعورك بالتوتر.

ثلاثة مشروبات طبيعية غنية بالبروبيوتيك

هذه البكتيريا الحميدة أو النافعة تحافظ على البيئة المعوية للإنسان: عليك أن تستبدل بالمشروبات الغازية مشروبات تُدعَى «صديقة البطن»!

- **مشروب الكمبوتشا:** يمكن الحصول عليه عن طريق نقع الشاي الأحمر أو الشاي الأخضر المحلى قليلًا مع فطر واحد من الكمبوتشا، وبعد مرور أسبوع على هذا المنقوع ستحصل على مشروب منعش

وفوَّار، وحمضي المذاق قليلًا، ويميل مذاقه إلى خل التفاح بعد أن فقد تمامًا مذاق الشاي. يمكنك الحصول عليه من منافذ بيع المنتجات العضوية «غير المبسترة». ويُستخرج من ساق الفطر.

- **الكفير:** يُصنع بسهولة من البذور الجافة والشفافة التي تشتريها من محلات المنتجات العضوية. ضع ملعقة صغيرة من الكفير في لتر ماءٍ صافٍ مع 50 جرام سكر + ليمونة عضوية مقطعة شرائح + حبة تين مجففة. غطِّ هذا الخليط بقماش رقيق مثل الشاش واتركه في درجة حرارة الغرفة لمدة 48 ساعة. عندما ترتفع حبة التين إلى السطح عليك بتصفية المشروب وانتزاع البذور (القابلة للاستخدام مرَّة أخرى)، وضع المشروب في زجاجة محكمة الغلق، ثم استمتع باحتسائه.

- **الحليب الرايب:** هذا الحليب المخمر (موجود بكثرة في محلات السوبرماركت في قسم المنتجات الطازجة) من أصل بريطاني، لم يَعُد يحتوي على مادة اللاكتوز، ولكنه يحتوي على مزيد من خمائر الحليب! يسمى أحيانًا بـ«الحليب الرايب» أو «buttermilk» باللغة الإنجليزية، وقوامه أكثر سُمكًا من الحليب ويشبه الزبادي المشروب، ويمكنك تناوله على حالته أو بإضافة بعض الفواكه إليه، كما يمكن استخدامه في صناعة بعض الفطائر المقلية.

الإجراء الذي يقي (النمط الثاني)

الالتزام بالتباعد في وسائل المواصلات! وسائل المواصلات ممتلئة بأشخاص يسعلون أو يعطسون أو مصابين بسيلان الأنف، وبالتالي ينشرون الميكروبات! عليك أن تتجنب الاقتراب منهم أو الالتصاق بهم، وحاول أن تلتزم بمسافة التباعد المثالية، وهي متران، إن أمكن ذلك. وإذا كان المكان واسعًا وليس مكتظًّا بالركاب، فأدِر ظهرك إليهم، أو ارتدِ الكمامة فهذا هو التصرف الأمثل.

الإجراء الذي يُنقذ (النمط الثالث)

تجنُّب خطر السيارة المشتركة! تركب السيارة مع أحد أفراد أسرتك المصاب بالإنفلونزا؟ احرص على وجود مناديل مبللة بمادة مطهرة وعلبة للقفازات، وداوم على تنظيف مقابض السيارة (من الداخل والخارج)، وعجلة القيادة ورافعة السُّرعات وفرامل اليد.

الغذاء الصحي

الشاي الأخضر
لا غنى عنه للحيوية

الشاي الأخضر يعالج الشعور بالإجهاد، فضلًا عن أنه يحتوي على مركب يصعب تذكر اسمه وهو «EGCG» (مركب غذائي مضاد للأكسدة)، وقد أثبت العلماء فوائده. ويبدو تأثير الشاي الأخضر الإيجابي في المناعة من خلال تفاعله مع الخلايا اللمفاوية. وتحمي مضادات الأكسدة التي يحتوي عليها من الميكروبات. لا نتحدث هنا عن معجزة! لكن عليك أن تتناول هذا المشروب يوميًّا لدعم جهازك المناعي.

اليوم السادس

قائمة الطعام المحفزة للمناعة

الإفطار
الشاي الأخضر، وزبادي طبيعي بالعسل مع ملعقة كبيرة من جنين القمح، وخبز بالحبوب الكاملة بالزبدة، ومشروب سموثي من البرتقال والموز والكيوي.

الغداء
وجبة شيلي كون كارن (فاصوليا حمراء، وطماطم، وفلفل، وبصل، وشرائح اللحم المفروم، والكمون)، وأفوكادو مهروس وعليه ليمون، وكريمة الفانيليا.

العشاء
سلمون مدخن مع ليمون، و**كويرات الخضراوات**، وتفاح في الفرن **بالقرفة** مع حبات الرمان.

وصفة اليوم

كويرات الخضراوات
تكفي 4 أفراد

اغسل ثمرة واحدة من البطاطس وحبتَي جزر وحبتَي كوسة غير مقشرة ثم جففها. اطحن هذه الخضراوات في الخلاط مع بصلة، ثم أضف إلى الخليط 3 ملاعق كبيرة من الذرة الحلوة وبيضتين و100 جرام من الجبنة المبشورة وقليل من الفلفل الأسود. امزج الخليط بيديك وكوِّن كويرات وضعها في صينية في الفرن (ضع ورق الطهي) واتركها لمدة 20 دقيقة على درجة حرارة 200 درجة مئوية وقدِّمها ساخنة مع صلصة الطماطم.

✓ طبق ذكي يشجعك على الإكثار من تناول الخضراوات (وبالتالي الفيتامينات والألياف)!

انشط قليلًا!

استغل عطلة نهاية الأسبوع لتنطلق بدرَّاجتك في الهواء الطلق نحو المتجر أو المخبز. تفقَّد الأجواء المحيطة بك، واذهب لزيارة أحد القصور أو أحد الأصدقاء. فركوب الدراجات رياضة ممتازة تعلمك المثابرة والتحمل، فضلًا عن أنها تنشط العضلات وتمرن القلب، وتساعدك على التخلص من عدد كبير من السعرات! هل تعلم أن هناك 15000 كيلومتر في فرنسا مخصصة لمسارات الدراجات في انتظار المستعدين؟! هيا انطلق!

النوم المنتظم

إن تناول فنجانين أو ثلاثة في اليوم من القهوة، أو تناولها بعد الساعة الثالثة عصرًا، قد يضر بنومك. تريد أن تشعر بالنشاط بلا قلق؟ بدلًا من الكمية التي تتناولها من القهوة عليك بمشروب شاي عشبي ساخن تعده في المنزل: اخلط في برطمان قدرًا متساويًا من أوراق الكشمش الأسود والكركديه والريحان والنعناع. انقع 4 ملاعق صغيرة من هذا الخليط في 50 سنتيلترًا من الماء، ثم صفِّه، ويمكنك أن تتناوله بدلًا من القهوة في فترة ما بعد الظهيرة.

ثلاثة منتجات مطهرة، اصنعها بنفسك

إنها فعالة وطبيعية وليست مكلفة، هيا بنا «ننتج» بأنفسنا هذه المواد الضرورية للاستخدام يوميًّا!

- **جل اليدين المائي الكحولي:** وصفة منظمة الصحة العالمية: ضع في زجاجة سعة لتر واحد، 833 ملليلترًا من الكحول المنزلي (بنسبة 95-96 درجة) + 42 ملليلترًا من ماء الأكسجين (بيروكسيد الأكسجين) نسبة 3% + 14.5 ملليلتر من الجليسرين (جليسرول 98%) أو جِل الصبار. أكمل الزجاجة بالماء المقطر أو المغلي، ثم أغلقها ورُجها جيدًا لتستخدم المحتوى بعد مرور 72 ساعة.

- **المناديل المبللة المطهرة:** أحضر أقمشة مستخدمة (ملاءات أو فوط) وقصها على شكل مربعات قياس 20×20 سم. وأحضر وعاء زجاجيًا كبيرًا له غطاء، ثم ضع فيه 250 ملليلترًا من الماء منزوع المعادن + 250 ملليلترًا من الخل الأبيض + 100 ملليلتر من الصابون الأسود + 15 قطرة من الزيت العطري برائحة الليمون + 20 قطرة من الزيت العطري برائحة أشجار الشاي الأخضر. وضع مربعات القماش مطوية أو ملفوفة، واقلب الوعاء الزجاجي عدة مرات حتى تتشرب الأقمشة السائل. للاستخدام أخرج المنديل من الوعاء واعصره واستخدمه ثم اغسله بالماء الساخن قبل إعادته إلى الوعاء مرَّة أخرى.

- **الرذاذ المطهر:** ضع في وعاء 100 ملليلتر من الخل الأبيض + 5 ملاعق صغيرة من بيكربونات الصوديوم. انتظر حتى تنتهي الرغوة، ثم أضف 50 ملليلترًا من الكحول المنزلي بنسبة 95 درجة، وأضف 15 قطرة من الزيت العطري برائحة شجرة الشاي الأخضر. واخلط المكونات ثم ضعها في زجاجة ذات رشاش.

الإجراء الذي يقي (النمط الثاني)

تطهير الأنف: عليك بهذا الإجراء الوقائي مرَّة واحدة يوميًا لتنظيف الأنف وترطيبه (بما أن الأغشية المخاطية الجافة تكون أكثر عُرضة للأمراض). استنشق بعض قطرات من أي محلول ملحي أو نقاط الأنف ذات المحلول النظائري أو غير النظائري، ويمكنك استخدام القطارة الهندية، وهي تشبه رشاش الزرع الصغير؛ املأها بالماء الدافئ مع قليل من الملح. وللحصول على نتائج أفضل يجب أن تغسل الأنف جيدًا عن طريق دفع كمية كبيرة من الماء حتى تشعر به يصل إلى حلقك.

الإجراء الذي يُنقذ (النمط الثالث)

مراقبة الأشياء المشتركة: لوحة مفاتيح الكمبيوتر، وريموت التلفاز، والتابلت. في حالة أن الأسرة كلها تستخدم هذه الآليات فعليك بتنظيفها مرَّة واحدة على الأقل في الأسبوع، باستخدام رذاذ مطهر أو مناديل مطهرة لتجنُّب سرعة انتشار العدوى.

الغذاء الصحي
القرفة
حلوة ومفيدة

غالبًا ما يرتبط التفاح المطهو بتابل القرفة (وهو عبارة عن قشرة مطحونة)، ويأتي تابل القرفة من سريلانكا. وتُعَد القرفة مضادة للفيروسات والبكتيريا، خصوصًا الفيروسات التي تصيب الجهاز التنفسي خلال فصل الشتاء، وأيضًا الفيروسات التي تهاجم الجهاز الهضمي، فداوم على رشها على الأطعمة، فإنها تساعد أيضًا على الحد من تناول السكر.

اليوم السابع

قائمة الطعام المحفزة للمناعة

الإفطار
الشاي الأخضر، وبريوش (فطيرة حلوى) أو خبز بالحليب، وجبن قريش مع العسل وملعقة كبيرة من جنين القمح، ونصف ثمرة جريب فروت.

الغداء
6 **محارات** (أو أكثر) مع الليمون، والدجاج المشوي، وشرائح **البطاطا الحلوة المتبلة**، وموس الشوكولاتة.

العشاء
كيش (فطيرة) جبن الماعز والسبانخ، وسلطة الهندباء البرية مع الجوز، وسلطة الفواكه الاستوائية.

انشط قليلًا!

أحيانًا ما تكون توقعات الأرصاد الجوية غير صحيحة (خُذ معك ما يحميك من تقلبات الطقس)، لكن لا تفوت فرصة الخروج للنزهة واستنشاق الهواء! سواء كنت بمفردك أو مع الأولاد، اذهب إلى الغابة وخُذ معك أكياسًا لتجمع فيها الأوراق المتساقطة من الأشجار أو الكستناء أو الفطر أو ثمار الصنوبر. استمتع بصحبة الأشجار، فقد ثبت أن التعرض للطبيعة يخفف من الشعور بالضغط النفسي، ويساعد أيضًا على زيادة إنتاج الخلايا الدفاعية، كما أنك ستحصل على قدر كبير من الأكسجين، وهذا أفضل شيء للشعور باللياقة البدنية.

النوم المنتظم

احرص في إجازة نهاية الأسبوع على ألا تتأخر في الاستيقاظ صباحًا، فهذا يؤثر سلبًا في ساعتك البيولوجية! وقد يؤدي إلى صعوبة الخلود إلى النوم مساء. وإذا نمت متأخرًا يمكنك أن تستيقظ متأخرًا، لكن بقدر لا يزيد على ساعة ونصف، ويمكنك أن تعوض ذلك لاحقًا بقيلولة قصيرة في فترة الظهيرة، لكنها ستكون مريحة (من 20 إلى 30 دقيقة). وبذلك تتمكن من الحفاظ على نظام ساعات نومك.

وصفة اليوم
شرائح البطاطا الحلوة المتبلة
تكفي 4 أفراد

قشر حبتَي بطاطا حلوة وقطعهما على شكل أصابع، ثم ضعها في وعاء، وأضف إليها نصف ملعقة صغيرة من مبشور جوزة الطيب، وملعقة صغيرة من الملح، و4 ملاعق كبيرة من زيت الزيتون، وامزج البطاطا المقطعة جيدًا حتى تتشرب الزيت والملح وجوزة الطيب. ضع ورقة شمعية في الصينية وضع عليها طبقة من البطاطا ثم ضع عليها رشة من الزعتر (الطازج أو الجاف)، ثم أدخلها الفرن. اتركها لمدة 35 دقيقة على درجة حرارة 210 درجات مئوية، ثم أشعل الشواية حتى تصبح البطاطا مقرمشة.

✓ كأن السماء تمطر بروفيتامين «أ»، وشعورك بالمتعة يتصاعد!

ثلاثة أعشاب معتمدة لعلاج بعض أمراض الشتاء

في حالة انتشار الأوبئة، وأيضًا في حالة الشعور بالإرهاق، وفي فترات النقاهة، أو عندما ترغب فقط في تقوية دفاعاتك الطبيعية، عليك بهذه الأعشاب الفعالة:

- **الإشنسا أرجواني اللون:** يتميز هذا النبات بقدرته على تحفيز المناعة الهشة ومقاومة فيروسات وبكتيريا الجهاز التنفسي. الجرعة المناسبة: للوقاية يُوصى بملعقة صغيرة من مستخلص هذا العشب صباحًا ومساءً لمدة 20 يومًا قبل بدء فصل الشتاء. أما في حالة التداوي فيُوصى بتناول 5 ملاعق صغيرة يوميًا (الفاصل بين الجرعات لا يقل عن ساعتين) لمدة 3 أيام، ثم أخفض الجرعة إلى 4 ملاعق صغيرة يوميًا إلى أن تختفي الأعراض.
- **البلسان الأسود:** أثبتت الدراسات الخاصة بهذا المجال أن مستخلص هذا العشب (على شكل شراب) يُعَد من المحفزات المناعية، كما أنه يساعد على التقليل من أعراض الإنفلونزا (ارتفاع الحرارة، والصداع، واحتقان الأنف، وآلام العضلات). الجرعة المناسبة: تناول 20 قطرة من مستخلص هذا العشب على شكل سائل مائي كحولي، وذلك يوميًا في الصباح طوال فصل الشتاء، أو تناوله شرابًا إن كان متوفرًا في الصيدليات.
- **الأندروجرافيس أو الشيرات الخضراء:** هذا العشب ليس معروفًا، لكن يكثر استخدامه في الصين والهند، وقد أثبت فاعلية في مقاومة الفيروسات وتخفيض درجة الحرارة وعلاج الالتهابات. ويرتفع استهلاك هذا العشب في الدول الإسكندنافية، وقد اعتمدته منظمة الصحة العالمية في تخفيف التهاب الجهاز التنفسي والحد من مضاعفاته. الجرعة المناسبة: للوقاية يُوصى بتناول 400-600 جرام من مستخلص هذا العشب يوميًا لمدة شهرين. أما في حالة التداوي فيُوصى بتناول 1200 جرام يوميًا لمدة عشرة أيام.

الغذاء الصحي
المحار
لؤلؤة الفوائد

غني بالبروتينات، والأحماض الدهنية المفيدة، والحديد المضاد للإرهاق، فضلًا عن أنه غني جدًا بالزنك الذي لا غنى عنه للحفاظ على المناعة وتقويتها! لذلك لا تتردد في التهام المزيد منه، ويمكنك أن تعصر عليه الليمون (استخدام الليمون يفيدك في الحصول على فيتامين «ج» أكثر من استخدام الخل!).

الإجراء الذي يقي (النمط الثاني)

ارتداء الوشاح عند الخروج: عندما يكون الطقس باردًا يعمل الوشاح على دفء الحلق (مما يساعد نظام الجسم على تدفئة الهواء المستنشق)، وبالتالي عندما يمر هذا الهواء عبر الأنف والفم لا يُحدِث أضرارًا، بل يحافظ على رطوبتهما بشكل أفضل. كما أن الوشاح يحميك في وسائل النقل العامة من رذاذ الركاب (الملوث غالبًا).

الإجراء الذي يُنقذ (النمط الثالث)

الغسيل على درجة حرارة مرتفعة: تقدِّم الغسالات اليوم برامج غسيل اقتصادية وسريعة، على درجة حرارة 30 درجة مئوية أو 40 درجة مئوية، لكن ثبت علميًا أن بعض الفيروسات تظل نشطة في ظل هذه الدرجة من الحرارة! (من بينها فيروس الإنفلونزا)، لذلك يجب أن تغسل الملاءات والمناشف، خصوصًا بالنسبة إلى المرضى، على درجة حرارة لا تقل عن 60 درجة مئوية، كما يجب أن تتجنب نشرها في الحمَّام.

الفصل الثاني

الأسبوع الثاني: انطلاقة جيدة، ولنواصل المسيرة!

اليوم الثامن

قائمة الطعام المحفزة للمناعة

الإفطار
الشاي الأخضر أو الأحمر بالبهارات، ومافن إنجليزي بالزبدة مع قطعة من الجبن المصنوع بالحليب الخام، وعشر حبات من الجوز، وكومبوت التفاح والكشمش الأسود.

الغداء
فجل، وأرز على البخار مع الفطر، وبصل وجبن بارميزان، وزبادي طبيعي، وفاكهة الكيوي.

العشاء
شوربة **العدس**، وبيضتان مسلوقتان مع شريحة خبز الحبة الكاملة المخمر والمحمص والمدهون بالزبدة، وسلطة الخس الفرنسي، **وورقة زبدة مع بعض الحمضيات**.

النوم المنتظم
تقليل الإضاءة تدريجيًا في المساء يساعد على الشعور بالنعاس، حيث يبدأ الجسم تدريجيًا في تفعيل نظام «الليل». لذلك استخدم أجهزة التحكم في الإضاءة من أجل التخفيف منها، وأطفئ الأضواء القوية قبل الخلود إلى النوم بساعة على الأقل. ويُفضل تبديل نوع الإضاءة إلى البرتقالي فهو الأكثر هدوءًا، ويساعدك على النوم.

وصفة اليوم

ورقة زبدة مع بعض الحمضيات

تكفي فردًا واحدًا

ضع في ورقة زبدة (مقاومة للدهون) فصوص برتقالة ونصف ثمرة جريب فروت مقشرة جيدًا، ثم رش ملعقة صغيرة من القرفة، ثم أغلق الورقة وأدخلها الفرن لمدة 20 دقيقة على درجة حرارة 200 درجة مئوية. افتح الورقة وأضف ملعقة كبيرة من شراب العسل وملعقتين كبيرتين من قلب فاكهة الباشن. تناولها ساخنة وعليها كرة من آيس كريم الفانيليا أو من جبن القريش.

✓ تحلية منعشة للغاية عامرة بالفيتامينات!

استرخِ قليلًا!

نفكر في أثناء العمل في الحصول على فترات من الراحة الدورية، وهذه فرصة جيدة يجب أن نستغلها، خصوصًا في حالة العمل أمام الشاشات، لإراحة النظر مع وضع الكفين على العينين: ضع مرفقيك على المكتب ثم افرك يديك قليلًا، ثم ضع راحتَي يديك وهما مقوستان على مقلتَي العينين، ثم اضغط قليلًا بما يكفي لأن ترى ظلامًا حالكًا. ابقَ في هذا الوضع لمدة دقيقة أو دقيقتين لإراحة العصب البصري وإرخاء العضلات التي تمسك مقلتَي العينين.

> **الغذاء الصحي**
>
> **العدس**
> **استجماع الطاقة**
>
> العدس غني جدًّا بالبروتينات النباتية، وهو مصدر رائع للألياف ومجموعة فيتامينات «ب» والحديد والزنك! أخضر أو أشقر أو مرجاني وأسود أيضًا (الشهير بـ«بيلوجا»). ويجب ألا تنقع حبات العدس قبل الطهي. وهو شهي ومشبع لجميع أفراد الأسرة.

علاجان طبيعيان للاختيار في حالة الالتهابات المعوية

يجب أن تتذكر شرب الماء، وأكل الأرز، والجزر المطبوخ، وكومبوت التفاح، والموز، والسفرجل، وضع قربة ساخنة على بطنك لتدفئته، وجرب أن تخفف الألم باستخدام الزيوت العطرية. احذر! لا يُوصى باستخدامها في أثناء فترة الحمل أو الرضاعة، أو الأطفال دون سن السابعة.

- **عن طريق الفم:** ضَع قطرة واحدة من زيت الزنجبيل العطري الطيار (مضاد للشعور بالغثيان) + قطرة واحدة من زيت قرفة سيلان (مضاد للالتهابات) + قطرة واحدة من زيت الغار النبيل (مطهر معوي) + قطرة واحدة من زيت النعناع البري (مضاد للبكتيريا)، على ملعقة صغيرة من العسل أو قطعة خبز، 3 مرات يوميًا لمدة ثلاثة أيام.

- **عن طريق تدليك البطن:** ضع 3 قطرات من زيت شجرة الشاي الطيار (مضاد للالتهابات) + 3 قطرات من زيت الغار النبيل + 3 قطرات من زيت الزنجبيل الطيار + 3 قطرات من زيت الزنجبيل الاستوائي (مضاد للتقلصات وللالتهابات)، على ملعقة كبيرة من الزيت (زيت بذور المشمش، أو زيت عادي، أو زيت زيتون محايد)، وضع الخليط على منطقة البطن، وتدلَّك بلطف 3 أو 4 مرات في اليوم.

الإجراء الذي يقي (النمط الثاني)

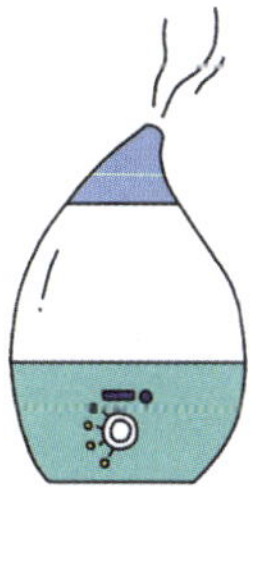

ترطيب الغرف: على قدر جفاف الأغشية المخاطية يكون ضعفها! يلجأ البعض خلال فترة الشتاء إلى رفع رطوبة الغرفة من خلال استخدام مرطب الجو المصنوع من الصلصال الذي يمكن وضعه بين قضبان المدفأة أو من خلال استخدام جهاز ترطيب الجو (الذي يتميز أيضًا بإطلاق الزيوت العطرية الطيارة).

الإجراء الذي يُنقذ (النمط الثالث)

تحية ناماستي: يجب أن نكف عن المصافحة باليد والقُبلات خلال فترات انتشار الوباء. لكن هل يوجد حل جيد لذلك؟ نعم، إنها ناماستي، التحية الهندية: ما عليك إلا أن تميل إلى الأمام قليلًا وتضم يديك إلى مستوى ارتفاع الصدر، وهذه تحية أكثر قبولًا من التحية بالتقاء الكوعين.

اليوم التاسع

قائمة الطعام المحفزة للمناعة

الإفطار

الشاي الأخضر أو الأسود بالنكهات، والزبادي الممزوج بفواكه حمراء مجمدة + ملعقة كبيرة من جنين القمح، وشريحة من **خبز الموز** وثمرتا يوسفي (كليمنتين).

الغداء

سلطة الكينوا مع نصف ثمرة أفوكادو، ونصف ثمرة جريب فروت، و150 جرام روبيان، و3 ملاعق كبيرة من حب الرمان، وصلصة الزبادي، وليمون وبقدونس طازج، وقطعة من جبن القريش الريفي مع الكشمش الأسود المهروس (المجمد).

العشاء

مكرونة لازانيا مع السلمون والسبانخ، وسلطة الخس المجعد **والثوم**، والكستناء بالفانيليا مع قِطع الكمثرى.

وصفة اليوم

خبز الموز

تكفي 4 أفراد

ضع في إناء 250 جرامًا من الدقيق، وأضف إليها كيسًا من الخميرة الصناعية و150 جرام سكر ورشة من الملح، ثم أضف بيضتين و3 حبات موز ناضج جدًا ومهروس بالشوكة، و85 جرام زبد مذاب. اخلط جيدًا ثم أضف ملعقة كبيرة من مسحوق القرفة و50 جرامًا من رقائق الشوكولاتة الداكنة + 80 جرام جوز. ضع الخليط في قالب سيليكون وأدخله الفرن ليُخبز على درجة حرارة 170 درجة مئوية لمدة 55 دقيقة.

إنها وجبة خفيفة مثالية!

✔ كعكة لذيذة وغنية بالمغنيسيوم المضاد للإجهاد والتوتر (الموز، والشوكولاتة الداكنة، والجوز).

النوم المنتظم

يصرح 81% من البالغين بأنهم يشاهدون التلفاز أو يتصفحون الإنترنت قبل الخلود إلى النوم، في حين أن التعرض للإضاءة القوية المنبعثة من هذه الشاشات يعطل إنتاج الميلاتونين الذي يساهم في الشعور بالنعاس. كيف يمكننا معالجة ذلك؟ من 30 إلى 45 دقيقة في كل ليلة، واحسب على مدى الأسبوع! إذن حاول أن تتخلى عن هذه الشاشات قبل التوجه إلى النوم بساعة ونصف على الأقل.

انشط قليلًا!

يُعَد تمرين نط الحبل من التمارين الرائعة لتحسين التنفس وقوة التحمل وتنشيط جميع العضلات. ابدأ ببطء وبقفزات بسيطة لمدة 3 دقائق، ثم أسرع لمدة 15 ثانية، ثم أبطئ ثم أسرع مرَّة أخرى. باختصار: حاول أن تنوِّع سرعاتك واستمر في هذا التمرين لمدة 15 دقيقة داخل البيت أو خارجه. يُكرر التمرين مرتين أو ثلاث مرات أسبوعيًّا. التعرُّق مضمون!

ثلاثة زيوت عطرية للاستنشاق

هل تعاني انسداد الأنف والزكام والسعال؟ اتبع وصفة الجدة لتخفيف الاحتقان وتطهير الشُّعب الهوائية: ضع في جهاز الاستنشاق أو في وعاء صغير من الماء المغلي بعض قطرات الزيت العطري الطيار[1]، وضع رأسك مع الوعاء تحت منشفة ثم تنفس لمدة 10 دقائق واملأ رئتيك. كرر ذلك 3 مرات يوميًّا، وبعد الانتهاء مباشرة ابقَ في مكان دافئ لمدة ساعة على الأقل.

- **زيت صنوبر الغابات لتهدئة الشُّعب الهوائية:** سبق أن أشاد أبقراط بفوائده لمناطق الأنف والأذن والحنجرة، فهو يخفف من المخاط الناتج عن الإصابة بالتهاب الشُّعب الهوائية، ويسهل عملية خروج البلغم، كما أنه مخفف للآلام ومنشط.
  الجرعة المناسبة: استنشاق 3 قطرات.
- **زيت النياولي لمعالجة انسداد الأنف:** قريب من شجرة الكافور، وموطنه الأصلي هو كاليدونيا الجديدة، وهو يزيل الاحتقان، ومضاد للالتهابات والفيروسات. يمكن استخدام هذا الزيت في حالة التهاب الجيوب الأنفية.
  الجرعة المناسبة: استنشاق 5 قطرات.
- **زيت السرو الأخضر لتهدئة السعال الجاف:** مضاد للالتهابات والبكتيريا، ويخفف من احتقان الحلق، ويهدئ من نوبات السعال وبحة الصوت أو اختفائه. يمكنك إضافة قطرة واحدة من هذا الزيت على ملعقة كبيرة من العسل لاستكمال العلاج (3 مرات يوميًّا).
  الجرعة المناسبة: استنشاق 3 قطرات.

الإجراء الذي يقي (النمط الثاني)

دورات المياه في محل العمل: عدم ملامسة سطح المرحاض فكرة جيدة (وهي فكرة نسائية). ربما تنسى دائمًا أن تفتح أو تغلق باب دورة المياه بمرفقك بدلًا من يدك، وتنسى أيضًا عند استخدامك لصنبور الماء غسل يديك، لذا انتبه في المرَّة التالية! لا تلمس أبدًا منشفة اليدين، واكتفِ بالهواء الطلق!

الإجراء الذي يُنقذ (النمط الثالث)

دمية الأطفال المحشوة: كل الدُّمى تتسخ، ومع الأسف لا يمكن غسلها على درجة حرارة 60 درجة مئوية بسبب هشاشتها! فما الحل؟ ضعها في كيس بلاستيكي ورشها برذاذ مطهر واتركها طوال الليل ثم اغسلها على درجة الحرارة المناسبة لها. ستصبح الدُّمية بخير والميكروبات ليست بخير!

الغذاء الصحي

الثوم
الرأس المضاد لآلام الشتاء

فضلًا عن أنه مضاد للالتهابات، فإنه أيضًا يحفز المناعة، خصوصًا نشاط الخلايا اللمفاوية، والخلايا القاتلة الطبيعية والبلعمية. ووفقًا لدراسة أُجريت في عام 2016، فإن للثوم فاعلية في الحماية من التعرض لالتهابات الجهاز التنفسي العلوي، كما أنه يحد من مضاعفات هذا النوع من الالتهابات. يُوصى بالإكثار من تناوله نيئًا بكميات معتدلة ووفقًا لشهيتك تجاهه.

1 لا يُنصح باستخدام الزيوت العطرية للحامل أو المرضع أو الأطفال الأقل من سبع سنوات.

اليوم العاشر

قائمة الطعام المحفزة للمناعة

الإفطار
الشاي الأخضر أو الأسود بالنكهات، والزبادي الطبيعي مع قِطع المانجو وملعقة كبيرة من جنين القمح، وفطائر بانكيك بالعسل، وعصير برتقالتين.

الغداء
صدور الدجاج المقلية (بانيه)، و**كرنب بروكسل مع الجزر والكستناء**، والكيوي.

العشاء
رأس الكرفس مسلوق ومطحون ومرشوش عليه مسحوق اللوز، وقرص بيض مع **السبانخ** والجبن، وكومبوت التفاح والكمثرى.

> **وصفة اليوم**
>
> ### كرنب بروكسل مع الجزر والكستناء
> تكفي 4 أفراد
>
> اغسل الكرنب واقطع السيقان، ثم اسلق الكرنب لمدة 5 دقائق في وعاء ماء مغلي، ثم اعمل على تصفية الكرنب، ثم ضع بصلة مفرومة في ملعقة كبيرة من زيت الزيتون في حلة البخار وقلِّبها حتى تأخذ اللون الأصفر، ثم أضف إليها شرائح الجزر المستديرة والكرنب. وغطِّ المكونات بالماء، واتركها لتنضج على نار هادئة لمدة 20 دقيقة، ثم أضف علبة من الكستناء الطبيعي وصفِّ شوربة الطهي قليلًا، ثم قدِّم الوجبة.
>
> ✓ الكرنب وقائي، والبصل محفز جيد للمناعة، والجزر عامر بالفيتامينات، كل ذلك في وجبة واحدة!

استرخِ قليلًا!

يؤثر الضجيج المستمر في الأعصاب والصحة، لذا نظِّم نفسك للحصول على مساحة من الهدوء: أغلق هاتفك (كذلك التلفاز أو الراديو أو الموسيقى)، ثم عُد لاستكمال مهامك بهدوء وفي صمت. غالبًا ما نفتقد هذه الاستراحة، لكنها مهمة لتجديد النشاط وتهدئة روعنا. ويمكنك أيضًا أن تستعين بسدادات الأذن أو سماعات الحد من الضوضاء.

انشط قليلًا!

ثمة فكرة جيدة: لا تؤجل جولتك الرياضية إلى المساء (أو الغد)، بل اقفز من سريرك بمجرد استيقاظك، فضوء الصباح ينبه نظام الجسم ويحفزه، احتسِ سريعًا مشروبًا دافئًا ثم انطلق في جولة المشي مبكرًا بخطوات سريعة لمدة 30 دقيقة (كحدٍّ أدنى) إلى 45 أو 60 دقيقة، وهذه هي المدة المثالية لتصبح في كامل نشاطك ولياقتك، وفخورًا بنفسك. لقد أتممت المهمة!

ثلاثة مساحيق طبيعية لتجديد اللياقة

زِد من تناولك المكملات الخاصة بفيتامين «ج» للتغلب على الشعور بالإجهاد وتحسين الأداء: حَسِّن نظام غذائك من خلال إضافة العناصر الغذائية التي ترفع مستوى اللياقة. تناولها لمدة شهر واحد، ويمكنك

إعادة تناولها إذا لزم الأمر، لكن بعد فاصل لمدة أسبوع.

- **الأسيرولا (كرز أمريكا اللاتينية):** تسمى هذه الثمرة العنبية القرمزية بـ«الكرز الأمازوني»، وتحتوي على 10-40 ضِعفًا من فيتامين «ج» بصورة أكبر من ثمرة البرتقال، ومن الحديد كذلك. لا يُنصح بتناولها على شكل أقراص (فغالبًا ما تكون مخلوطة بمواد أخرى)، بل تناولها في شكل مسحوق طبيعي عالي الجودة وصافٍ، والأفضل أن تكون منتجًا عضويًا واردًا من البرازيل. الجرعة المناسبة: ملعقة صغيرة ممتلئة صباحًا (400-500 ملليجرام من فيتامين «ج» الطبيعي).

> ### الغذاء الصحي
> #### السبانخ
> #### يا لها من وريقات عظيمة!
>
> إن لم تكن غنية بالحديد فإنها تحتوي على الكاروتينات ومجموعة فيتامينات «ب» التي تساعد على استقرار المزاج، أضف إلى ذلك احتواءها على نسبة كبيرة من فيتامين «ج» والألياف المفيدة للأمعاء. يمكن تناولها مجمدة، لكن يُفضَّل أن تكون عضوية، بما أنها من المنتجات الزراعية الحساسة جدًا للمبيدات ولا يمكن تقشيرها.

- **السبيرولينا:** توجد هذه الطحالب الدقيقة في المياه العذبة، وتتميز بلونها الجميل الأزرق المائل إلى الاخضرار، وهي غنية بالبروتينات والحديد والكلوروفيل والبيتا كاروتين ومجموعة فيتامينات «ب»، وتسهل التعافي، وتحسِّن اللياقة، وتزيد المجهود. تُباع في صورة أقراص أو رقائق أو مسحوق، وأفضلها يكون من فرنسا. الجرعة المناسبة: جرام في اليوم خلال الأسبوع الأول، ثم جرامان في الأسبوع الثاني، ثم 3 جرامات في الأسبوع الثالث، ثم 4 جرامات.

- **الجنسنج:** اعتمدت منظمة الصحة العالمية مفعول هذا النبات الآسيوي المنعش بوصفه «منشطًا عامًا»، خصوصًا في فترات الإجهاد أو النقاهة. انتقِ منه النوع الكوري الأصل (الجنسنج الأحمر) في صورة كبسولات، أو مستخلص مائي كحولي، أو على هيئة مسحوق. الجرعة المناسبة: 500 ملليجرام من الجنسينوسيدات يوميًا.

الإجراء الذي يقي (النمط الثاني)

الجِل رفيق شخصي! نظرًا إلى أنه لا يمكنك دائمًا غسل يديك، فعليك بالاحتفاظ دائمًا بالجِل المائي الكحولي لتطهير يديك أو الأشياء التي معك إن لزم الأمر. يتوفر هذا البِل بأحجام صغيرة جدًا، ويمكنك إعادة ملء زجاجات صغيرة من وعاء كبير الحجم ووضعها في حقائب الأطفال المدرسية، خصوصًا إذا كانوا يتناولون وجبتهم في الاستراحة! ضَع لهم وعاء كبيرًا من الجِل في مدخل البيت للاستخدام عند عودتهم من المدرسة.

الإجراء الذي يَنقذ (النمط الثالث)

الاعتناء بالنفس! يجب أن تبقى بخاخات النظافة أو الأنف أو الحلق للاستعمال الشخصي فقط لتجنُّب انتشار الجراثيم. على سبيل المثال فرشاة الأسنان! يُفضَّل أن يكتب كل فرد في الأسرة اسمه على أشيائه الشخصية في جميع الأحوال وليس في حالة مرض أحد أفراد الأسرة فقط.

اليوم الحادي عشر

قائمة الطعام المحفزة للمناعة

الإفطار

الشاي الأخضر أو الأسود بالنكهات، وعصير سموثي موز وبرتقال وكيوي وكشمش أسود مجمد، وخبز الحبوب بالزبدة، والزبادي الطبيعي بالعسل وملعقة كبيرة من جنين القمح.

الغداء

طاجن الدجاج بالليمون المخلل والبصل والزيتون، والسميد، ونصف ثمرة **مانجو**.

العشاء

حساء الجزر، وسلمون مدخن بالليمون، وسلق سوتيه بزيت الزيتون، و**فاكهة شتاء مطهوة**.

انشط قليلًا!

الطقس سيِّئ! هيا بنا إلى عملية نظافة شاملة للمنزل! تنظيف البلاطات، وتشغيل المكنسة ثم الممسحة. تخلَّص مما لا حاجة لك به وضعه في القبو (أو اصعد به إلى المخزن العلوي)، تعقب الغبار في كل مكان. هل تعلم أن عملية التنظيف الديناميكية هذه عندما تطول فإنها قد تحل محل حصة الرياضة اليومية، وهكذا تكون قد تمكنت من اصطياد عصفورين بحجر واحد: لياقة بدنية وبيت نظيف!

وصفة اليوم

فاكهة شتاء مطهوة

تكفي 4 أفراد

ضع 3 ثمرات كمثرى و3 شرائح أناناس طازج في إناء طهي + 6 حبات من المشمش المجفف والمقطع إلى قطع صغيرة. أضف إليها عصير برتقالتين مع مبشور قشرة البرتقال + ملعقة صغيرة ممتلئة بمسحوق القرفة وقليل من الفانيليا + 2 سم من جذور الزنجبيل المفرومة. اترك الخليط يغلي على نار هادئة لمدة 30 دقيقة، ثم قدِّمه مع العسل والمكسرات المدشوشة.

✔ طبق حلوى بسيط لكنه لذيذ جدًا وغني بالألياف، يغنيك عن تناول الحلويات الضارة!

النوم المنتظم

لتحظى بنوم هادئ اجعل بعض الزيوت العطرية تنبعث في غرفتك: زيت اللافندر أو البرتقال الحلو أو زيت اليوسفي الأخضر أو النارنج، وجميعها زيوت تنبعث رائحتها لتشعرك بالراحة. الجرعة المناسبة: 15 قطرة (من نوع واحد من هذه الزيوت أو خليط منها)، واتركها لتنبعث لمدة 15-20 دقيقة قبل وقت النوم.

نوعان من الحساء المفيد!

تشعر أحيانًا بأنك في حاجة إلى استراحة لاستعادة الصحة والشعور بالارتياح، ليس عليك في هذه الأوقات إلا تناول هذا الحساء اللذيذ الذي لا يضر!

- **حساء دجاج «الجدة»:** يندرج هذا الحساء ضمن الأغذية المضادة للالتهابات، بما أنه يتميز بمقاومة نزلات البرد والإنفلونزا (بفضل نخاع العظام)، حيث يقوي الدفاعات المناعية ويخفف من التهاب الأنف.

أحضر 4 جزرات و3 جذور كراث و3 رؤوس لفت، واغسلها وقطعها ثم ضعها في قِدر، وأضف إليها دجاجة كاملة أو فرخها الصغير كاملًا + بصلة واحدة مرصعة بقرنفلة + فرع كرفس + بعض ورقات الكرنب الأخضر + باقة من الزعتر الأخضر وورق الغار والبقدونس. غطِّ المكونات بماء وفير، وضع الملح ثم أضف ملعقة كبيرة من خل التفاح، واترك المكونات تنضج على نار هادئة حتى ينفصل لحم الدجاج عن عظامه. صفِّ الحساء وتناوله على مدى 4 أيام (يُحفظ في مكان بارد).

- **مرق «آسيا للطاقة»:** الفطر الصيني (داعم اللياقة والمناعة) والزنجبيل المنشط، إنها خلطة غريبة لكنها تحافظ على اللياقة.

ضع في قِدر ملعقة كبيرة من الزيت مع ملعقة كبيرة من مسحوق الكركم و3 فصوص من الثوم المفروم ثم قلِّب برفق. أضف 3 حفنات من فطر الشيتاكي المجفف + حلقات جزرتين ورأسي كراث + ليمونة عضوية معصورة بقشرتها + 2 سم من جذور الزنجبيل + ساق ليمون مقطع، ثم أضف الماء إلى أن يغطي المكونات، واترك المكونات تغلي لمدة ساعتين، ثم ضع 3 ملاعق كبيرة من الميسو (مادة طبخ يابانية) غير المبستر وربطة كزبرة مفرومة، وقلِّب المكونات ثم اتركها تواصل النضج لمدة 15 دقيقة. وصفِّ قبل التناول.

الإجراء الذي يقي (النمط الثاني)

التمخط وتنظيف الأنف عادة صحية! لا تنتظر أنفك: التمخط من إجراءات النظافة التي تحميك من تعلق ونمو الفيروسات والبكتيريا بمخاط الأنف. لكن حاول أن تتمخط بلطف، ابدأ بفتحة أنف ثم الأخرى ولا تنفث بشدة. لا تنسَ بالطبع استخدام المناديل الورقية وتخلَّص منها فورًا قبل أن تغسل يديك.

الإجراء الذي يُنقذ (النمط الثالث)

مطبخ المحترف! مسطح العمل، وأبواب الخزانة، ولوحة التقطيع، وطاولة الطعام، ومعدات المطبخ التي لا غنى عنها (ماكينة القهوة، ومحمص خبز)... في فترة الوباء يجب أن تعتني جيدًا بالنظافة اليومية لهذه الأشياء مستخدمًا مسحوقًا مطهرًا أو يحتوي على الكحول (أو الخل الأبيض) وزيت شجرة الشاي العطري.

الغذاء الصحي

فاكهة المانجو حلوة وعامرة بالفيتامينات

يمدك نصف ثمرة من المانجو بمخزون من بروفيتامين «أ»، ويوفر لك قدرًا من فيتامين «ج» أكبر من القدر المتوفر في الحمضيات، مما يساعدك على الحفاظ على لياقتك ومناعتك! إضافةً إلى مذاق المانجو العجيب الذي يُخفي قدرًا معتدلًا من السكر، كما أنه غني بالألياف. المانجو فاكهة صيفية، لكننا في حاجة إليها طوال فصل الشتاء!

اليوم الثاني عشر

قائمة الطعام المحفزة للمناعة

الإفطار

الشاي الأخضر أو الأسود بالنكهات، والزبادي السادة الطبيعي مع الموسلي وملعقة كبيرة من جنين القمح، والكيوي، وعصير البرتقال وجريب فروت طازج.

الغداء

فطيرة الدجاج مع **البطاطا الحلوة**، وسلطة الخس الفرنسي (ماش) مع مكعبات صغيرة من الجبن المصنوع من الحليب الخام، والتفاح.

العشاء

سلطة كرفس وبنجر وتفاح وجوز، وشريحة من الخبز الكامل بالعجين المخمر وعليها **معجون السردين بالجبن الطازج والثوم المعمر**، وكمثرى مطبوخة بالشوكولاتة.

وصفة اليوم

معجون السردين بالجبن الطازج والثوم المعمر

تكفي فردًا واحدًا

افتح علبة سردين بزيت اللفت أو الزيتون، وصفِّها (قليلًا)، ثم اهرسها في إناء، وأضف إليها ملعقتين كبيرتين من الجبن الطازج، ثم اعصر عليها ليمونًا وابشر قشره وأضفه، ثم قطِّع عليها نبات الثوم المعمر. يمكن إضافة زيتون أسود مطحون.

✔ دهون نافعة جدًّا ومضادة للالتهابات، تحتوي على فيتامينَي «ج» و«د». وجبة صحية 100% ولا يستغرق تحضيرها سوى 5 دقائق!

النوم المنتظم

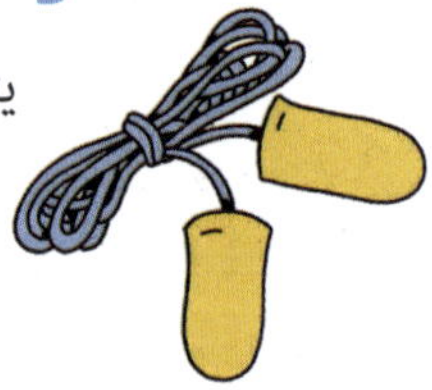

يتسبب شخير شريك الحياة في تقليل عدد ساعات نومك ساعة واحدة في كل ليلة، مما يؤثر في حالتك المزاجية وطاقتك وبالتالي صحتك ومناعتك! إن متوسط درجة الشخير هي 60 ديسيبلًا (ما يعادل متوسط صوت المكنسة الكهربائية)، لذلك عليك أن تضع سدادات الأذن عند اللزوم، فهي تساعد على إخماد الأصوات الضارة بنحو 30 ديسيبلًا، أو خصِّص لنفسك غرفة نوم منفصلة!

استرخِ قليلا!

أفضل ما تستطيع فعله في نهاية يومك هو الاستحمام بالماء الساخن، فهو يساعد على استرخاء الجسم، كما أنه يخفف من آثار التوتر الذي تعرضت له طوال اليوم، فيعمل الاستحمام على إزالة هذا العبء عنك عقب عودتك من العمل. لكن لا تفعل ذلك قبل النوم مباشرة (بما أن الحرارة لا تساعد على الخلود إلى النوم)، وإنما عند التخطيط لقضاء أمسية هادئة.

ثلاثة منتجات مناعية واردة من الخارج

عندما تشعر بضعف قوتك، فإنك تتوجه إلى تناول المكملات الغذائية للحفاظ على صحتك قليلًا، وقد أثبتت هذه المكملات فاعليتها منذ زمن بعيد لكن في بلاد أخرى. قد تكون عجيبة، لكنها ليست ضارة!

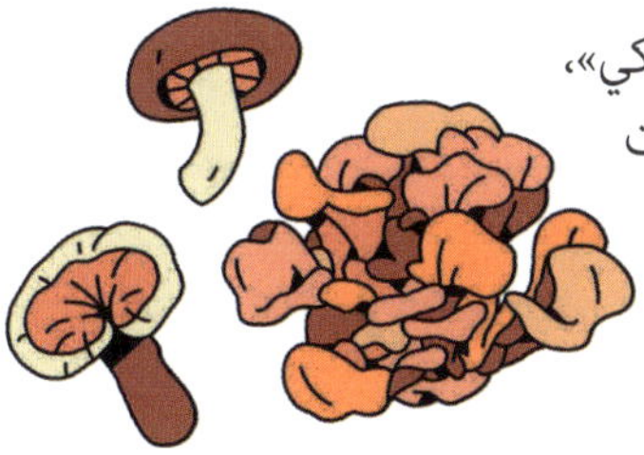

- **بعض أنواع الفطر الصيني:** تسمى «الشيتاكي» و«الريشي» و«المايتاكي»، وتُستخدم منذ أكثر من ألفي عام في الطب الشعبي الصيني. وأثبتت دراسة آسيوية في عام 2015 أن استهلاك كمية كبيرة من هذه الأنواع يساهم في رفع المناعة (زيادة الخلايا اللمفاوية التائية والخلايا القاتلة الطبيعية)، مما يقلل من الإصابة بالالتهابات. يُفضَّل تناولها في صورة كبسولات (على سبيل المثال: منتجات سولجار (Solgar)، كبسولة واحدة يوميًّا لمدة شهرين).
- **شجرة اللاباشو من أمريكا الجنوبية:** شجرة مقدسة عند قبيلة الإنكا، وتُستخدم منها قشرتها الداخلية ذات الفوائد المناعية ضد البكتيريا (تحتوي على كينونات)، كما أنها محفزة للمناعة ومضادة للالتهابات. تُشرب مغلية في الماء الساخن: ضع ملعقة كبيرة من قشرة اللاباشو في 25 سنتيلترًا من الماء واتركه يغلي لمدة 5 دقائق، ثم اتركه منقوعًا لمدة 10 دقائق. وللوقاية اشربه مرَّة واحدة يوميًّا، وفي حالة التداوي ثلاث مرات. يمكنك أيضًا شراؤه مسحوقًا أو في كبسولات (على سبيل المثال: كبسولات جوياپي (Guayapi)، كبسولتان يوميًّا لمدة أسبوعين أو ثلاثة أسابيع).
- **نبات الجودوتشي الهندي:** من النباتات المتسلقة المتكيفة، لكنه غني جدًّا بالفيتامينات والمعادن (من بينها الزنك) والتانين، ويمثل جزءًا لا يتجزأ من الطب الشعبي الهندي القديم، ويُعَد من المنشطات القوية للمناعة (اعتمدت ذلك دراسة في عام 2011) التي تقاوم التوتر والإجهاد خصوصًا في فترة النقاهة. يُفضَّل تناوله في صورة كبسولات (على سبيل المثال: كبسولات الأيورفانا (AYur-vana)، كبسولتان يوميًّا لمدة شهر واحد).

الإجراء الذي يقي (النمط الثاني)

الشرب كثيرًا! لا تظن أن شُرب الماء يخفف من تأثير الفيروسات! لكنه يحافظ على رطوبة مخاط الحلق، مما يجعله أكثر مقاومة للميكروبات. تذكَّر دائمًا أن تشرب كوبًا من الماء (أو الشاي أو الأعشاب) كل ساعتين. فكرة جيدة: ضع إلى جوارك تُرمسًا، فهذا يتيح لك تناول مشروب ساخن ويجعله في متناول يديك.

الإجراء الذي يُنقذ (النمط الثالث)

التنظيف الشامل! عندما يكون في المنزل شخص مريض (أو عند المرور الكثير بين الغرف)، يجب أن تنظف بانتظام مقابض الأبواب ومفاتيح المنزل بالمناديل المطهرة، حيث إنها من أكثر الأشياء التي تلمسها أصابع اليد ولا ضمان لنظافتها.

الغذاء الصحي

البطاطا الحلوة للحفاظ على لياقتك

لونها الذي يميل إلى البرتقالي يدل على احتوائها على البيتا كاروتين بتركيز عالٍ (مقدمة فيتامين «أ»)، وهي تمنحك مزيدًا من الزنك وفيتامين «ب 6»، فضلًا عن أنها غنية بالألياف، وهي عكس البطاطس في أنها لا تتسبب في ارتفاع سكر الدم. هيا، لا تتردد في تناولها!

اليوم الثالث عشر

قائمة الطعام المحفزة للمناعة

الإفطار

الشاي الأخضر أو الأسود بالنكهات، والزبادي السادة الطبيعي مع العسل وملعقة كبيرة من جنين القمح، والخبز الكامل بالعجين المخمر والزبدة، وعصير سموثي برتقال وموز وكيوي.

الغداء

الجزر المبشور، وفطيرة البصل، وسلطة الخس الفرنسي (ماش)، وموس الشوكولاتة بالبرتقال.

العشاء

حساء **الميسو**، وسمك **السلمون الطازج على الطريقة اليابانية**، وآيس كريم الشاي الأخضر مع خليط فواكه حمراء وسوداء (مجمدة).

وصفة اليوم

سمك السلمون الطازج على الطريقة اليابانية

تكفي 4 أفراد

قطِّع 500 جرام من فيليه السلمون الطازج إلى مكعبات، ثم ضعها في وعاء ورش 6 ملاعق كبيرة من صلصة الصويا المالحة عليها. أضف 2 سم من جذور الزنجبيل المقشرة والمبشورة. تستطيع تناوله الآن إذا كنت تفضِّل الأسماك نيئة أو عليك بطهيه على البخار، ثم أضف إليه صلصة الصويا بعد أن ينضج. قدِّمه بمفرده في سلطانية، وقدِّم إلى جانبه الأرز السادة مع شرائح الأفوكادو والكزبرة وبعض حبات السمسم.

✔ أحماض دهنية نافعة يقدِّمها السلمون والأفوكادو، وطاقة يقدِّمها الزنجبيل. وجبة عجيبة! تدفعك لتناولها مرارًا وتكرارًا!

النوم المنتظم

نعم، نحبها، لكنها تُصدر أصواتًا وتلعب وتخدش، فضلًا عن المواء من أجل الخروج (أو الدخول)، وأحيانًا تستقر فوق رؤوسنا وتتسبب في إيقاظنا ليلًا عدة مرات. باختصار: إنها تزعجنا في أثناء النوم! هل هذا حالك مع كرة الفراء التي تعيش في بيتك؟ كُن حازمًا معها وأخرجها من سريرك وضعها في السلة الخاصة بها أو على الباب، فساعات النوم مقدسة!

انشط قليلًا!

هيا بنا نرقص! إنها رياضة، رياضة فعلية، تحرك الجسم كله وتساعده على التحمل. على أنغام الموسيقى وجِّه الدعوة للأولاد والجيران والأصدقاء إذا أردت، وابدأ الحفل، وتحرك بكل حرية على الأنغام المفضلة لك، والأهم أن تتحرك بسعادة: خطوات قليلة وراحة مذهلة! كرِّر هذا النشاط قدر المستطاع حتى لو كان لمدة لا تتجاوز عشر دقائق في اليوم!

خمس نصائح لكمامة «حاجزة» جيدة الاستخدام

الكمامة الآن هي «الحاجز» المصنوع من القماش، وهي أداة صحية جديدة لحمايتك وحماية الآخرين، ويجب استخدامها وتنظيفها جيدًا حتى تظل فعالة!

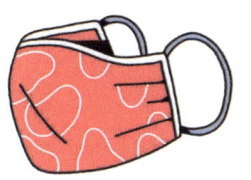

- مدة ارتداء الكمامة تصل إلى 4 ساعات (إلا في حالة بللها، وهنا يجب نزعها لأنها فقدت فاعليتها)، ويجب أن تغطي الأنف والفم. تأكد من غسل يديك قبل ارتدائها وبعد نزعها بالطبع (على أن يكون إمساكها من الخلف)، ويجب أن يكون لديك العديد منها، حيث يتعين عليك غسلها بين كل استخدام.
- بعد نزعها تُعزل في كيس بلاستيكي (لا بد من التخلص منه لاحقًا)، أو وضعها في صندوق محكم الإغلاق ومعقم، ولا ترمها أبدًا في سلة غسيل الأسرة أو في حقيبتك الخاصة!
- تُغسل لمدة لا تقل عن 30 دقيقة على درجة 60 درجة مئوية وبلا مرطب أقمشة. لا تضِف المبيض فإنه مزعج وقد يتسبب في إتلاف الكمامة.
- تُجفف لمدة ساعتين في الهواء الطلق، وتُوضع على سطح معقم: لا تضعها في مجفف الملابس أو تستخدم مجفف الشعر لتنشيفها وفقًا لتعليمات المنظمة الفرنسية للتوحيد القياسي (Afnor)، لكن يمكنك أن تكوي الكمامة.
- صلاحيتها ليست ممتدة كما يظن البعض! لذلك يجب أن تتبع إرشادات الشركات المصنعة (غالبًا ما يُسمح بخمسين غسلة) وفي حالة تلفها يجب التخلص منها!

لخياطتها بنفسك، يجب اتباع النموذج المعتمد من المنظمة الفرنسية للتوحيد القياسي (Afnor):
www.afnor.org/actualites/coronavirus-telechargez-le-modele-de-masque-barriere/

الإجراء الذي يقي (النمط الثاني)

الأوراق المالية شيء مقزز! تُصنع الأوراق المالية من مستخلصات القطن، كما هي الحال في فرنسا، وتُعَد هذه الأوراق أعشاشًا للميكروبات! وفقًا للباحثين السويسريين يظل فيروس الإنفلونزا نشطًا لمدة 17 يومًا على سطح هذه الأوراق المالية! وليست الحال أفضل بالنسبة إلى بطاقات الائتمان، حيث يستلزم الأمر 7 ساعات حتى يختفي نصف الفيروسات! الحل الوحيد أن تغسل يديك بعناية فائقة عقب الانتهاء من عمليات التسوق.

الإجراء الذي يُنقذ (النمط الثالث)

أعشاش الميكروبات في المطبخ! قِطع قماش تنظيف المطبخ، ومنشفة المطبخ، وفوط مائدة الطعام، جميعها من موروثات التراث الثقافي، وغالبًا ما تجدها مبللة، ونادرًا ما يجري تبديلها. في فترة الوباء يجب أن تغسل كل شيء (على درجة حرارة 60 درجة مئوية) يوميًا، أو تعتمد على المناشف الورقية فهي أفضل، بما أنها تُلقى على الفور في سلة المهملات بعد الاستخدام (لكن يجب ألا تُكثر من استخدامها لدواعي الحفاظ على البيئة!).

الغذاء الصحي

الميسو
صديق البطن الوفي

ينتمي هذا المكون الغذائي إلى تراث المطبخ الياباني، ونحصل عليه من حبوب الصويا المنقوعة، وهو غني جدًا بالبروبيوتيكات النافعة للبيئة المعوية البكتيرية، فضلًا عن أنه يمد الجسم بمجموعة فيتامينات «ب». تستطيع شراءه من متاجر المنتجات الغذائية العضوية وغير المبسترة، وتخفف ملعقة صغيرة من الميسو في 20 سنتيلترًا من الماء الساخن ليصبح بقوام المرق الخفيف. كما أنه يحل محل ملح الطعام.

اليوم الرابع عشر

قائمة الطعام المحفزة للمناعة

الإفطار
الشاي الأخضر أو الأسود بالنكهات، وبريوش أو خبز الحليب، والزبادي الطبيعي السادة مع العسل، والجوز، وملعقة كبيرة من جنين القمح، وسلطة حمضيات.

الغداء
6 محارات مع الليمون، وشريحة لحم موزة (من العضلة القطنية)، وفطر مقلَّب في الزبد الساخن، وفطيرة التفاح بالقرفة.

العشاء
الفتات باليقطين مع جبن البارميزان، وسلطة الخس المجعد مع الثوم، والجبن الريفي «القريش» مع حبات الرمان.

> ### وصفة اليوم
> **الفتات باليقطين مع جبن البارميزان**
> تكفي 4 أفراد
>
> تُقشر وتُقطع 600-700 جرام من اليقطين، عليك بتحمير بصلتين مبشورتين مع ملعقة كبيرة من زيت الزيتون، وأضف اليقطين، ثم أضف الماء ليغطي المكونات، وبعدها أضف مرقة الخضراوات أو الدواجن، ثم اتركها لتنضج على نار هادئة حتى تصبح المكونات لينة. أخرج الخضراوات واهرسها بفرشاة الطعام. أضف الفلفل والقليل من مبشور جوزة الطيب، واخلط المكونات بأصابعك في وعاء مع 50 جرامًا من الدقيق، والكمية نفسها من فتات الخبز ومسحوق البندق، مع 100 جرام من الزبدة و100 جرام من جبن البارميزان للحصول على قوام رملي. ضَع اليقطين في صينية، ووزِّع الخليط عليه من أعلى وأدخله الفرن ليُخبَز على درجة حرارة 200 درجة مئوية لمدة 30 دقيقة. يُقدَّم ساخنًا.
>
> ✓ كمية كبيرة من بروفيتامين «أ». تذوق واشعر بمتعة تتزايد!

النوم المنتظم

نظرية جديدة: نشتري مراتب جديدة للأسرَّة بدلًا من المراتب القديمة (مرت عليها عشر سنوات) التي أصبحت غير مريحة، فهذا يساعد على إطالة مدة نومنا اليومية لساعة إضافية، ويقلل من أوقات الاستيقاظ المتكرر بمعدل 30 دقيقة في المتوسط. وأنت كم عُمر مرتبة سريرك؟

انشط قليلًا!

هيا بنا إلى الحديقة (أو حديقة الألعاب) لنلعب مع الأطفال أو حيواناتنا الأليفة، ولنجمع أيضًا أوراق الأشجار المتساقطة على الأرض، أو لنلعب مباراة كرة قدم قصيرة في الهواء الطلق، أو نمارس السباقات، أو المشي وتحريك الذراعين بأي طريقة! إن الحركة تعمل على تحفيزنا، خصوصًا عندما يكون الجو باردًا. فلا تبقَ في مكانك ترتعد! تحرَّك فإن 30 دقيقة فقط تكفيك!

حيلتان للتقليل من استهلاك الملح

أظهرت دراسة ألمانية في الآونة الأخيرة أن الاستهلاك المفرط للملح يُضعف المناعة، بما أنه يؤثر في استجابة بعض الخلايا (سلسلة العَدِلات) في الدفاع عن الجسم ضد الالتهابات البكتيرية. وعلى الرغم من ذلك، نجد أننا نميل إلى الطعام شديد الملوحة، مما يزيد من خطورة الإصابة بالضغط المرتفع الشرياني. لقد تجاوزنا بكثير الحد الذي أوصت به منظمة الصحة العالمية والذي يعادل 5 جرامات من الملح يوميًا. إليك حيلتين لتقليل جرعة الملح اليومية:

- **التوابل والأعشاب:** إنها توفر النكهة للأطعمة، وتضيف أيضًا لمسات بسيطة من الفيتامينات والمعادن ومضادات الأكسدة المفيدة. ثمة فكرة جيدة: أن تستهلكها يوميًا، فلا تتردد في إضافة الثوم المعمر إلى السلطة، أو الريحان إلى الخضراوات، وقليل من مسحوق الفلفل الأحمر أو الكاري إلى حسائك. وكما تُنوِّع الخضراوات نوِّع هذه التوابل والأعشاب، حتى تحظى بأكبر قدر من الفوائد الغذائية! المهم أن تتخيَّر الطازج أو المجمد منها فهو أفضل من المجفف (باستثناء أعشاب بروفانس).
- **الجاموزيو:** توابل من أصل ياباني، عبارة عن خليط من الملح الخشن البحري الرمادي مع بذور السمسم. نعم، إنه يحتوي على ملح لكنه قليل جدًّا. بنسبة جرام لكل 10 جرامات (إلى 20 جرامًا) من السمسم! امزج بينهما بهذه النسب، وضع الخليط ليتحمص في مقلاة وهو جاف وبلا أي إضافات. وعندما تتقافز حبات السمسم إلى أعلى، ارفع الخليط من فوق النار واتركه ليبرد، ثم اطحنه في المطحنة للحصول على قوام رملي غير متساوٍ وطيب الرائحة. استخدم هذا الخليط على الأطباق الساخنة أو الباردة من دون أن تشعر بتأنيب الضمير.

الغذاء الصحي

الرمان

سلاح فعَّال

مضاد قوي للأكسدة، ويكافح الالتهابات الفيروسية أو البكتيرية المتكررة في فترات الإجهاد. وقد اختُبرت ميزته الوقائية بالنسبة إلى مرضى غسيل الكلى. يحتوي الرمان على الإيلاجيتانين الذي يدعم بكتيريا الأمعاء في الحفاظ على القدرة البدنية على التحمل. نعم، ليس من السهل تقطيع الرمان لكنه غني بالطاقة.

الإجراء الذي يقي (النمط الثاني)

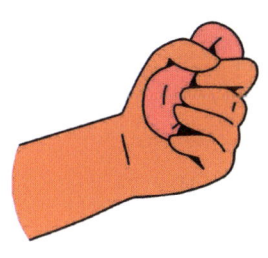

ممنوع اللمس: أظهرت دراسة أمريكية أننا نلمس وجهنا الذي يمثل بوابة الدخول الفيروسات (الأنف، والعينين، والفم) 23 مرَّة على الأقل في الساعة. ويرتفع عدد مرات اللمس عند الشعور بالتوتر أو القلق. هل يصعب علينا تعديل هذه الحركات الراسخة؟ احتفظ بكرة صغيرة لينة تضغط عليها لتخفيف التوتر، لكن لا تنسَ تطهيرها من حين إلى آخر.

الإجراء الذي يُنقذ (النمط الثالث)

مريض ووحيد! إصابتك بالمرض تُشعرك بالضيق، هذا شيء مؤكد، مع أنك قد لا تكون محتجزًا في الحجر الصحي. لكن اعزل نفسك في غرفتك بدلًا من نشر جراثيمك في كل مكان: على أريكة الصالون، أو في المطبخ، أو في غرفة المعيشة. ابقَ في سريرك لترتاح! ويجب منع الزيارات قدر الإمكان ما دامت العدوى ممكنة!

الوصفة الصحية

عملنا معًا طوال هذين الأسبوعين لتحسين نمط حياتك وبالتالي تعزيز مناعتك. في جعبتك الآن أدوات مفيدة ونافعة دومًا، فعليك أن تستمر وتتسلم دفة القيادة حتى تتمكن من تجاوز عقبات الفصل العصيب.

1. **تناول الوجبات البسيطة المفيدة:** قلل من الوجبات الصناعية الفقيرة من الناحية الغذائية، وأكثِر من الخضراوات وفواكه الموسم الطازجة (الغنية جدًا بالفيتامينات والمعادن)، وتناول الوجبات الكاملة، وأكثِر من البيربايوتيكات (الألياف) والبروبيوتيكات لدعم بيئة الأمعاء البكتيرية، وركِّز على الأغنى نكهة والأقوى لونًا، ونوصيك بالمحار أيضًا! استمتع بكل هذه العناصر الغذائية التي تشكِّل لمناعتك مصدرًا وفيرًا لكل ما تحتاج إليه حتى تؤدي دورها تجاهك على أكمل وجه.

2. **حياة «أكثر سلامة»:** ستساعدك بعض تمارين اليوجا والتأمل وتمارين تماسك القلب على الاسترخاء والتخلص من التوتر العصبي، وستحظى بمزيد من ساعات النوم الهادئ والجيد. مارس الرياضة خارج البيت للاستمتاع بالضوء وللحصول على مزيد من الأكسجين (قدر المستطاع)، أو داخل المنزل: ستلاحظ ارتفاع طاقتك ومعنوياتك، مما يساعدك على عبور فصل الشتاء ولديك رصيد من طاقة الشمس التي تقوي مناعتك.

3. **إجراءات لا بد منها:** احرص على العناية بنظافتك الشخصية، خصوصًا يديك وأنفك، من خلال بعض الأفكار البسيطة الخاصة بالنظافة، وتدرَّب على الالتزام بإجراءات التباعد في أثناء وجودك في مقر العمل ووسائل المواصلات، وفي البيت في حالة وجود مريض. عندما تلتزم ستحظى بوقاية يومية أفضل!

4. **حِيَل لطيفة وطبيعية:** نعم لمنتجات خلية النحل، وللمشروبات الساخنة من الأعشاب العلاجية، اشربها أو استنشقها «كما أوصتنا الجدة» لإزالة انسداد الأنف وتهدئة الحلق. نعم أيضًا لفيتامين «ج» أو السبيرولينا للتعافي والعناية بالصحة. ستشعر بالتحسن، وستدعم أجهزتك الدفاعية التي ستعتني بك بشكل أفضل!

إلى اللقاء بعد ستة أشهر

كيف حال لياقتك الآن؟ كيف عبرت «الفصل العصيب»؟ ارسم خارطة طريق بسيطة لتعرف أين أنت الآن، وما المطلوب لمستقبل أفضل، إذا لزم الأمر. الإنجاز لا يحدث في يوم واحد (أو حتى في أسبوعين) وعليك أن تقتنع بذلك!

«تقرير اللياقة البدنية» الخاص بي

	لياقتي البدنية وطاقتي	فترات الإعياء (بالأيام)
الأسبوع الأول		
الأسبوع الثاني		
الأسبوع الثالث		
الأسبوع الرابع		
الشهر الثاني		
الشهر الثالث		
الشهر الرابع		
الشهر الخامس		
الشهر السادس		

«أنا» بعد اتباع البرنامج

	في القمة	ممتاز تقريبًا	أستطيع تقديم الأفضل	أخطأت في كل شيء
الغذاء				
النشاط البدني				
النوم				
إدارة التوتر				
الإجراءات «الوقائية»				
الإجراءات «المنقِذة»				

لمزيد من المعلومات

مواقع متاحة للجميع

- المعهد الوطني للصحة والبحوث الطبية: www.inserm.fr
- معهد باستور (معلومات عامة ومنشورات بحثية حول الأمراض المعدية والفيروسية أو اللقاحات): www.pasteur.fr
- الصحة العامة - فرنسا (الوكالة الوطنية للصحة العامة): www.santepubliquefrance.fr
- وزارة التضامن والصحة، فيروس كورونا: www.solidarites-sante.gouv.fr/soins-et-maladies/maladies/maladies-infectieuses/

مراجع

المضادات الحيوية: www.santepubliquefrance.fr/maladies-et-traumatismes/infections-associees-aux-soins-et-resistance-aux-antibiotiques/resistance-aux-antibiotiques

بناء الجهاز المناعي: lucperino.com/487/evolution-du-systeme-immunitaire.html

الغدد اللمفاوية: www.msdmanuals.com/fr/accueil/troubles-cardiaques-et-vasculaires/maladies-lymphatiques/gonflement-des-ganglions-lymphatiques

الوراثة: www.ncbi.nlm.nih.gov/pubmed/29476184

الضوء: www.nature.com/articles/srep39479.pdf

أمراض المناعة الذاتية: www.inserm.fr/information-en-sante/dossiers-information/maladies-auto-immunes

التأمل: www.ncbi.nlm.nih.gov/pubmed/22778122

بيئة الأمعاء البكتيرية: www.inserm.fr/information-en-sante/dossiers-information/microbiote-intestinal-flore-intestinale

التفاؤل: «التفاؤل قد يساعد على تحفيز الجهاز المناعي»، سوزان سي. سيجيرستروم، هيلاري تندل، جيمس إي. مادوكس، العلوم النفسية، مارس 2010.

الأعضاء والخلايا المناعية: www.cours-pharmacie.com/immunologie/les-cellules-immunitaires-et-les-organes-lymphoides.html

الفصول والمناعة: www.ncbi.nlm.nih.gov/pubmed/25965853

الملح: stm.sciencemag.org/content/12/536/eaay3850

السيلينيوم: www.ncbi.nlm.nih.gov/pubmed/15213043

النوم:
- www.ncbi.nlm.nih.gov/pmc/articles/PMC2629403/
- www.ncbi.nlm.nih.gov/pmc/articles/PMC4800730/
- القياس الرقمي لمعدل النوم لدى الفرنسيين، بحث قدمه المعهد الوطني للنوم واليقظة بالتعاون مع الصندوق المشترك للتعليم العام، لعام 2020.

الرياضة:
- www.ncbi.nlm.nih.gov/pubmed/8350705
- تأثير الرياضة على الجهاز المناعي (رسالة مقدمة للحصول على شهادة الدكتوراه في الصيدلة)، مارين فيرون، جامعة ليل 2، 2016.

التوتر:
- presse.inserm.fr/quand-le-stress-affaiblit-les-defenses-immunitaires/38527/
- www.medecinesciences.org/en/articles/medsci/full_html/2002/09/medsci20021811p1160/medsci20021811p1160.html

الغدة الثيموسية: www.medecinesciences.org/en/articles/medsci/pdf/2010/05/medsci2010264p347.pdf

اللقاحات: https://www.merckmanuals.com/fr-ca/accueil/infections/immunisation/présentation-de-l-immunisation

فيتامين «أ»: www.ncbi.nlm.nih.gov/pmc/articles/PMC3021085/

فيتامين «ج»: www.cochrane.org/fr/CD000980/ARI_la-vitamine-c-pour-la-prevention-et-le-traitement-du-rhume-banal

فيتامين «د»: www.ncbi.nlm.nih.gov/pmc/articles/PMC3543548/

فيتامين «هـ»: www.ncbi.nlm.nih.gov/pmc/articles/PMC6266234/

اليوجا: journals.plos.org/plosone/article?id=10.1371/journal.pone.0061910

الزنك: www.ncbi.nlm.nih.gov/pubmed/26817502

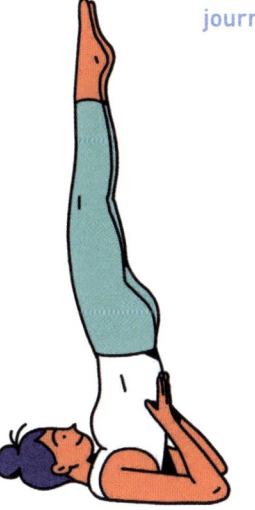

دار جامعة حمد بن خليفة للنشر
صندوق بريد 5825
الدوحة، دولة قطر

www.hbkupress.com

Published in the French language originally under the title:
Les Cahiers Dr. Good! Je booste mon immunité (avant l'hiver)

© 2020, Éditions Solar, an imprint of Edi8, Paris, France.

جميع الحقوق محفوظة.

لا يجوز استخدام أو إعادة طباعة أي جزء من هذا الكتاب بأي طريقة دون الحصول على الموافقة الخطية من الناشر باستثناء حالة الاقتباسات المختصرة التي تتجسد في الدراسات النقدية أو المراجعات.

إن الآراء الواردة في هذا الكتاب لا تعبر بالضرورة عن رأي الناشر.

الطبعة العربية الأولى عام 2022
دار جامعة حمد بن خليفة للنشر

الترقيم الدولي: 9789927161438

تمت الطباعة في بيروت-لبنان.

مكتبة قطر الوطنية بيانات الفهرسة – أثناء – النشر (فان)

دولالو، إيزابيل، مؤلف.

[Je booste mon immunité (avant l'hiver)]. Arabic

أنا أعزز مناعتي (قبيل فصل الشتاء) / إيزابيل دولالو ؛ رسوم كي لام وليوني ديبري ؛ ترجمة نهلة طاهر. الطبعة العربية الأولى. – الدوحة، دولة قطر : دار جامعة حمد بن خليفة للنشر، 2022.

64 صفحة : إيضاحيات ملونة ؛ 24 سم. – دفاتر الدكتور جوود!

تدمك: 978-992-716-143-8

ترجمة لكتاب: Je booste mon immunité (avant l'hiver).

1. الأمراض المناعية -- الكتيبات، الموجزات الإرشادية، إلخ. 2. علم المناعة. أ. لام، كي، رسام. ب. ديبري، ليوني، رسام. ج. طاهر، نهلة، مترجم. د. العنوان. هـ. السلسلة.

RC582. D45125 2022

202228520440 616.079– dc23